ULTRA QUIZ QI

éditions BRAVO!

Paru sous le titre original de : *Mensa^MD Mind Teaser*.

Publié par les Éditions BRAVO!, une division de
LES PUBLICATIONS MODUS VIVENDI INC.
55, rue Jean-Talon Ouest, 2e étage
Montréal (Québec) H2R 2W8
Canada

www.editionsbravo.com

Directeur éditorial : Marc Alain
Traduction et adaptation : Marie-Jo Levadoux
Révision : Guy Perreault

Dépôt légal : Bibliothèque et Archives nationales du Québec, 2009
Dépôt légal : Bibliothèque et Archives Canada, 2009

ISBN : 978-2-92372-006-7

Imprimé au Canada

INTRODUCTION

La plupart des livres de quiz de Mensa[MD] reposent fortement sur le génie des maîtres du passé, et celui-ci n'y fait pas exception. Énigmes et puzzles ont été créés depuis des temps immémoriaux, depuis que Samson demanda aux Philistins de résoudre l'énigme : « De celui qui mange est sorti ce qui se mange, et du fort est sorti le doux » (Juges XIV, 14), jusqu'aux temps modernes avec des maîtres comme Martin Gardner et le « Roi du jeu de mot », le défunt Dmitri Borgmann.

Le zénith de la compilation du puzzle a été atteint, selon nous, durant la dernière partie du XIXe siècle, par Lewis Carroll et Sam Lloyd, et a fait son entrée dans la première partie du XXe siècle avec H.E. Dudeney et Hubert Phillips. Ces quatre géants du royaume du mystère sont responsables de nombreuses innovations; nous offrons ici plusieurs exemples de leurs travaux.

Notre association en tant que compilateurs a commencé en 1986 par notre adhésion à Mensa[MD], la société à haut QI, et notre travail à *Enigmasig,* l'un des groupes d'intérêt spéciaux au sein de Mensa[MD] consacré à la création et à la résolution de casse-tête.

Mensa[MD] a de nombreux groupes d'intérêt spéciaux portant sur des thèmes aussi divers que l'astrologie, le badminton, les chats, Dr. Who, l'écologie, le cinéma, la généalogie, l'humour, l'investissement, le judaïsme, la littérature, Monty Python, la photographie, les tests de culture générale, la randonnée, Sherlock Holmes, les voyages et l'acquisition de richesse.

Bien que Mensa[MD] attire des membres de communautés et d'horizons très différents, cette société de table ronde ne professe aucune opinion politique ou religieuse. Les membres de même esprit sont libres de se regrouper pour former des groupes d'intérêt spéciaux consacrés à une opinion ou à un intérêt particulier, mais n'ont pas la liberté d'exprimer leurs opinions comme étant celles de Mensa[MD].

Nous sommes certains que toutes les personnes qui demandent à adhérer, si elles sont acceptées, trouveront en Mensa[MD] une société qui enrichira leur vie de multiples façons : par la lecture de l'excellent Journal d'*Enigmasig,* par le contact social avec les autres membres ou par l'un des nombreux groupes d'intérêt spéciaux. Bien sûr, si aucun des groupes de Mensa[MD] ne convient aux besoins d'un membre en particulier, il est encouragé à démarrer un nouveau groupe pour attirer d'autres membres de même esprit.

Cela nous ramène à *Enigmasig,* qui nourrit notre passion actuelle : les casse-tête. Il s'agit d'un groupe d'une centaine de membres dont les adresses vont de Fort William à Yelverton, et dont le but est de compiler des casse-tête pour déconcerter et amuser d'autres membres. Nous avons essayé d'inclure ici un choix aussi large que possible de types de casse-tête différents et de degrés de difficulté différents, et nous espérons que chacun y trouvera son compte. Les tests de Mensa[MD] sont des tests d'intelligence plutôt que de culture générale. La plupart des casse-tête de ce livre sont purement des problèmes intellectuels, mais d'autres reposent sur une connaissance générale.

La partie la plus difficile lorsque l'on compile un quiz QI Mensa[MD] est de savoir quoi laisser de côté. Décider qu'une énigme est « meilleure » qu'une autre doit être subjectif, et nous avons essayé de présenter un choix de problèmes aussi varié que possible avec des degrés de difficulté différents pour donner une idée de la gamme des casse-tête compilés au fil du temps.

Appréciez ce livre mais ne regardez pas les réponses trop vite. Nous sommes confiants que si vous utilisez votre imagination, ne recherchez pas toujours ce qui semble évident et faites marcher votre matière grise, vous trouverez la plupart des réponses. Mais par-dessus tout, nous espérons que ce livre sera pour vous un divertissement intéressant et amusant.

Nous espérons également qu'en plus de vous divertir, vous passerez ce magnifique livre de casse-tête de choix aux générations suivantes.

TESTS D'INTELLIGENCE

Test 1

Quel est l'antonyme du mot IMPORTANT ?

SÉRIEUX, INSIGNIFIANT, ABSURDE, TRANQUILLE ou SIMPLE

Test 2

Quel nombre doit logiquement remplacer le point d'interrogation ?

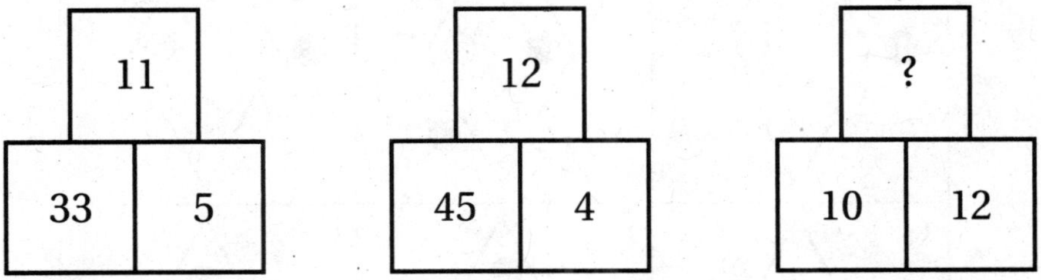

Test 3

TRILLERAI est une anagramme de quel mot de 9 lettres ?

Test 4

Quel est l'intrus ?

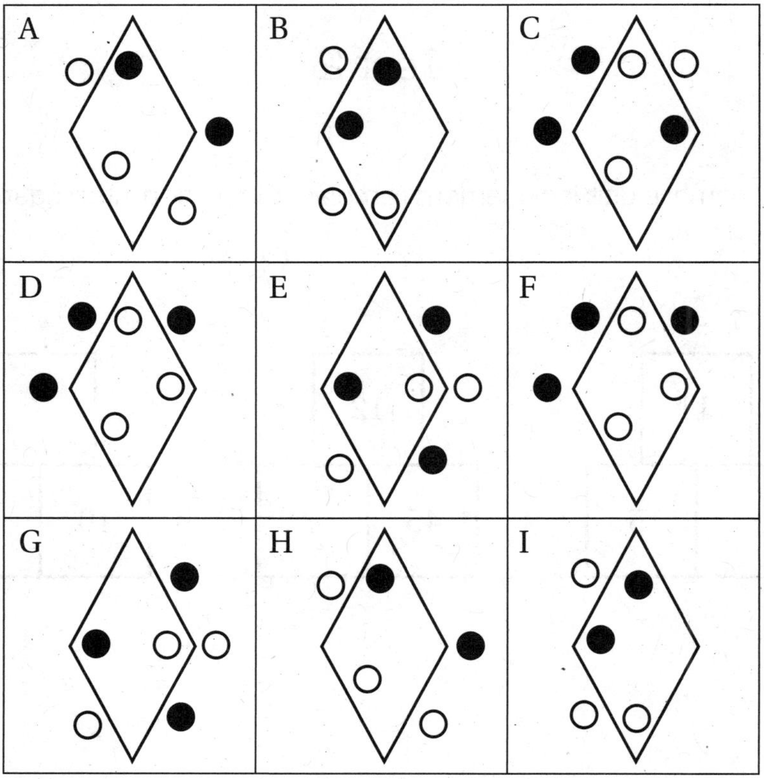

Test 5

Lors de la récente élection d'un maire d'une petite ville,
963 votes en tout ont été mis dans l'urne pour les quatre candidats.
Le gagnant a dépassé ses opposants de 53, 79 et 105 voix, respectivement.

Combien chaque candidat a-t-il récolté de voix?

Test 6

Quels mots de neuf lettres peuvent être formés
à partir des mots de trois lettres ci-dessous ?

ELO, TAG, DÉV, PEN, ONE, PPE

Test 7

Enlevez une lettre dans chaque mot de
FOIN ETE RANFFINÉ pour recréer une expression célèbre.

Test 8

Quels sont les deux mots qui se prononcent de la même façon
mais s'écrivent différemment, et qui signifient BOISSON et CHIFFRE ?

Test 9

Remplissez les blancs pour former deux antonymes.
Les mots tournent autour du cercle, l'un se lisant dans le sens
des aiguilles d'une montre et l'autre, dans le sens inverse.

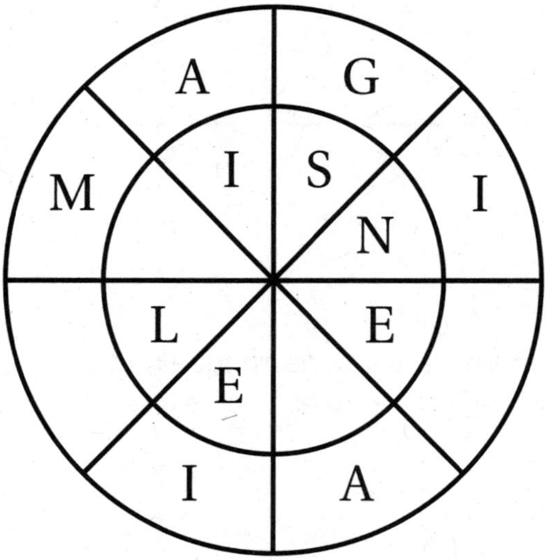

Test 10

BALANCE : BASCULE :

A. SAGITTAIRE : POISSON
B. CANCER : JUMEAUX
C. VERSEAU : CHÈVRE
D. CAPRICORNE : TAUREAU
E. BÉLIER : MOUTON

Test 11

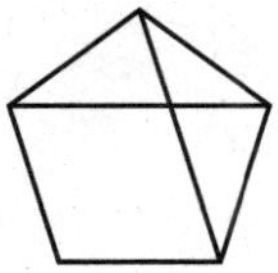 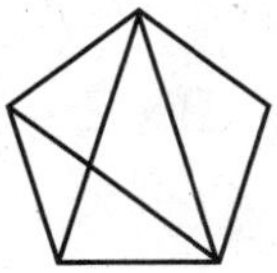 est à 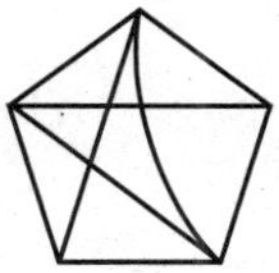 ce que

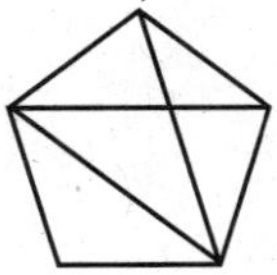 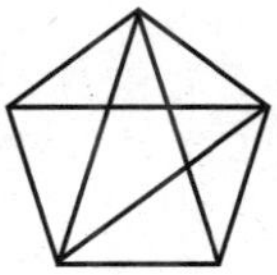 est à

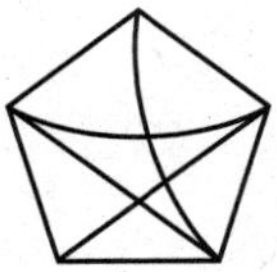
A

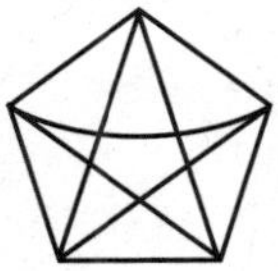
B

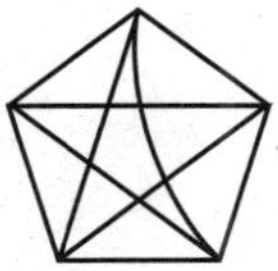
C

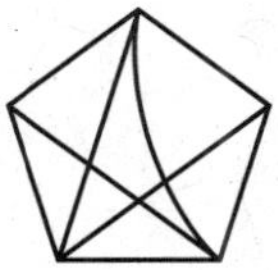
D

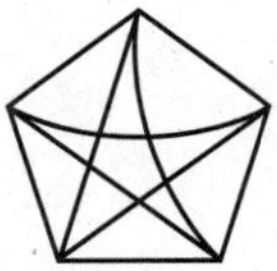
E

Test 12

Quels sont les deux mots dont le sens est le plus près ?

GARGOUILLE, SORCIÈRE, GNOME, HARPIE, DRAGON, LUTIN

Test 13

6 + 7 x 8 – 9 x 2 = ?

Test 14

Quel mot n'est pas une anagramme d'un type de bâtiment ?

MAUDITS, TROU, GRAMMARIDE, AMUSER ou RIPONS

Test 15

Quelle est la forme d'un CRINOÏDE?

A. CÔNE
B. TULIPE
C. FLÈCHE
D. BOUCLIER
E. FLEUR DE LYS

Test 16

Quel nombre doit logiquement remplacer le point d'interrogation ?

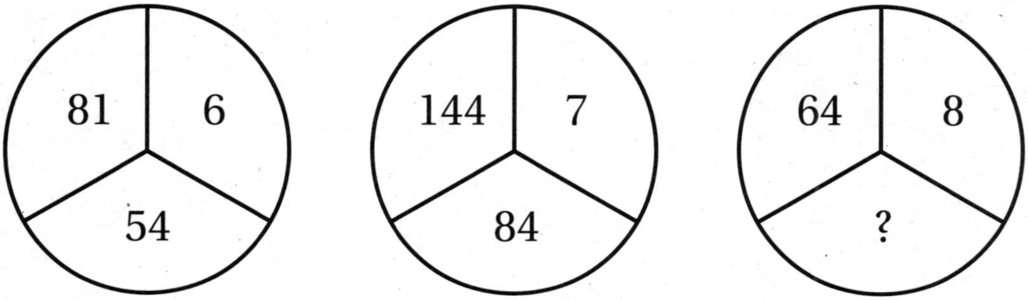

Test 17

Quels mots sont antonymes ?

GRAND D'ESPAGNE, DUC, LOCATAIRE,
SERVITEUR, PROPRIÉTAIRE, MAJORDOME

Test 18

Tous les traits et symboles qui apparaissent dans les quatre cercles extérieurs sont transférés au cercle du centre selon les règles suivantes :

Si le trait ou symbole se trouve dans les cercles extérieurs...
une fois, il est transféré;
deux fois, il est peut-être transféré;
trois fois, il est transféré;
quatre fois, il n'est pas transféré.

Lequel des cercles ci-dessous doit apparaître au centre du diagramme ?

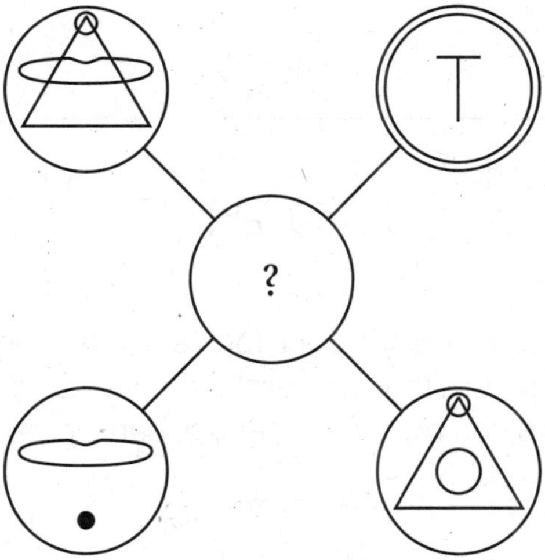

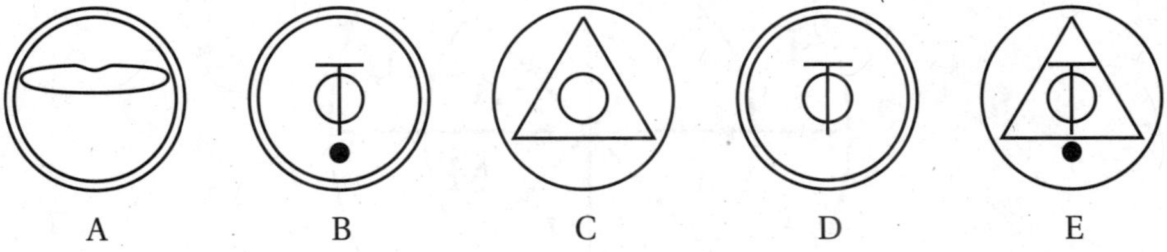

Test 19

Quel est l'intrus ?

586414, 239761, 523377, 816184, 436564

Test 20

Combinez deux des groupes de trois lettres pour former le nom d'un petit chien.

BEA, COL, RES, GLE, BOX, LIC

Test 21

Remplissez les blancs pour former deux synonymes.
Les mots tournent autour du cercle, l'un se lisant dans le sens des aiguilles d'une montre et l'autre, dans le sens inverse.

Test 22

SAPERDÉS est une anagramme de quel mot de huit lettres?

Test 23

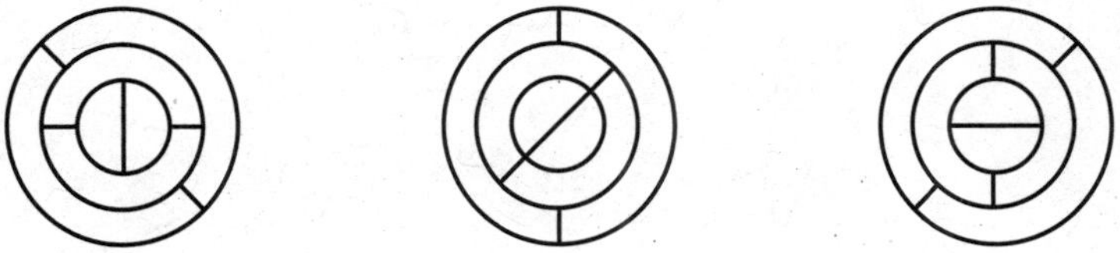

Quelle figure continue la séquence ci-dessus ?

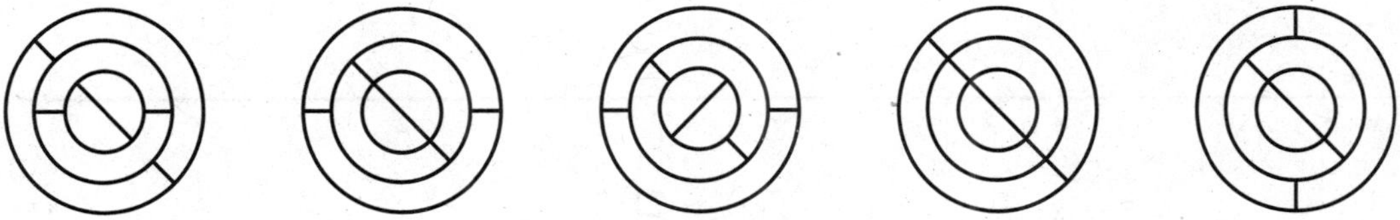

A B C D E

Test 24

Quel est le segment manquant ?

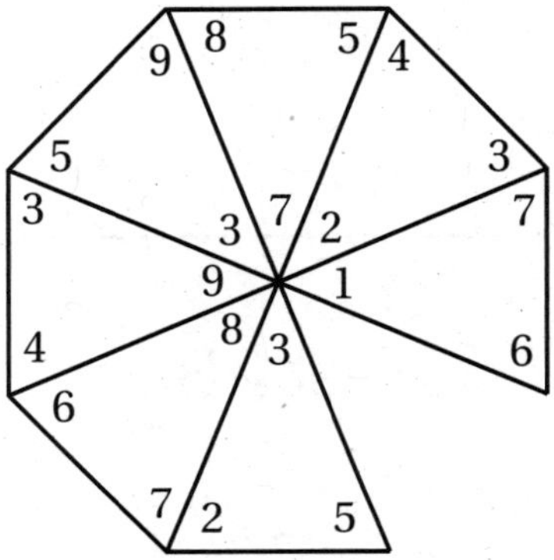

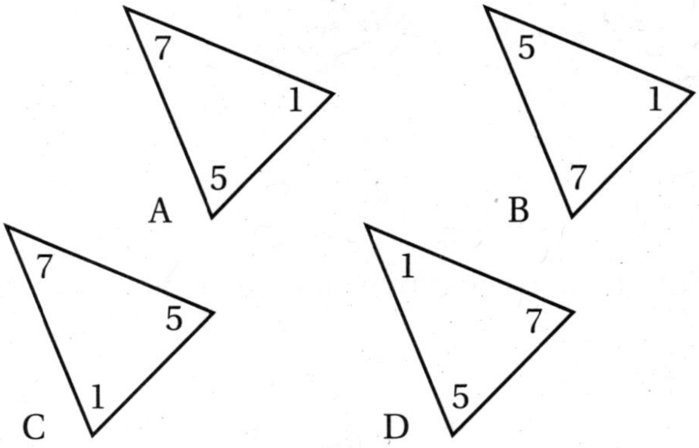

Test 25

$76^2 - 75^2 = ?$

Test 26

Quels sont les deux mots qui se prononcent
de la même façon mais s'écrivent différemment,
et qui signifient BREF et MOUVEMENT ?

Test 27

Quelle est la forme d'un FASTIGIÉ ?

A. EN POINTE
B. OVALE
C. HEXAGONAL
D. BOUTEILLE
E. COURBÉ

Test 28

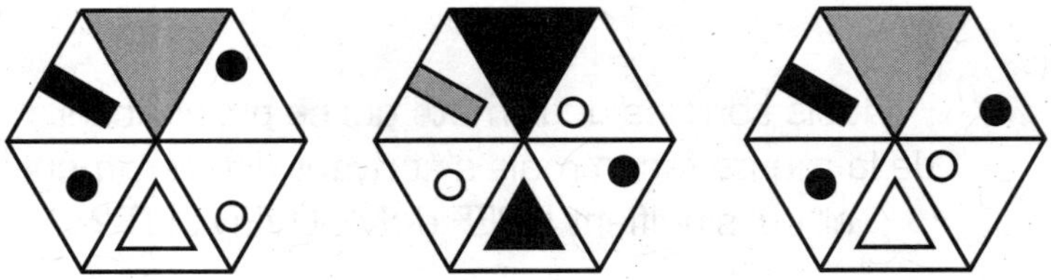

Quel dessin continue la séquence ci-dessus ?

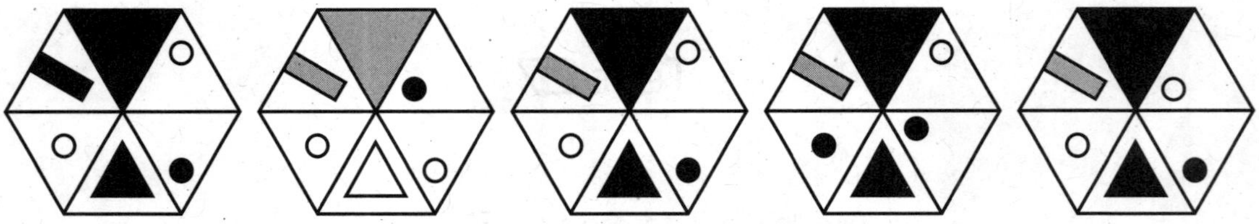

A B C D E

Test 29

Quel mot représente la phrase ci-dessous ?

Gagner peu et perdre beaucoup est la règle du jeu.

Test 30

Quel nombre doit logiquement remplacer le point d'interrogation ?

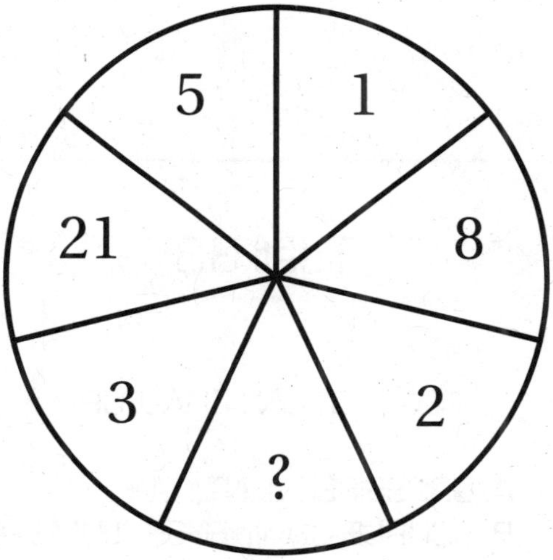

Test 31

Quel est l'intrus ?

HAUTBOIS, VIOLON, TROMBONE, BASSON, PICCOLO

Test 32

Quels sont les deux mots ci-dessous dont le sens est opposé ?

ATRABILAIRE, FÉBRILE, HEUREUX, DÉVOYÉ, AUTORITAIRE, POPULAIRE

Test 33

CONVECTION : CHALEUR :

A. GROSSISSEMENT : VUE
B. SOURCE LUMINEUSE : LUMIÈRE
C. SPECTRE : LONGUEUR D'ONDE
D. VOLUME : SON
E. ANOSMIE : SENTIR

Test 34

Quels sont les deux mots dont le sens est le plus près ?

ÉGLANTIER, OVOÏDE, PATCHWORK, RONCES, LANDE, CAMÉLÉON

Test 35

Quel mot de quatre lettres peut suivre le premier mot
et précéder le second pour faire deux nouveaux mots ?

ÉPI, MENT

Test 36

586 : 46
374 : 25

Quels nombres ont le même rapport
entre eux que ceux ci-dessus ?

A. 246 : 48
B. 319 : 13
C. 642 : 20
D. 913 : 28
E. 832 : 26

Test 37

Quel cercle doit logiquement
remplacer le point d'interrogation ?

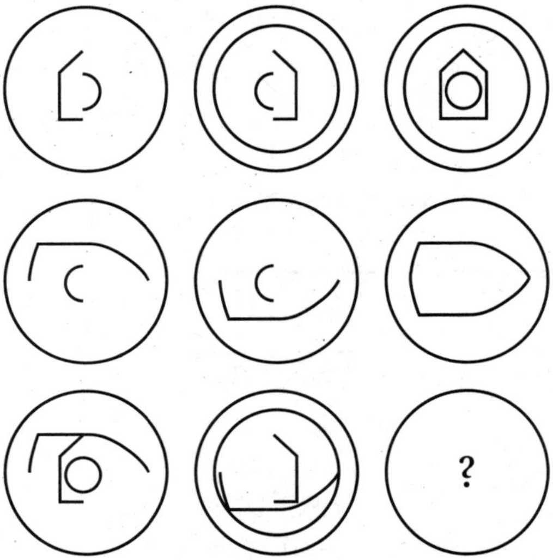

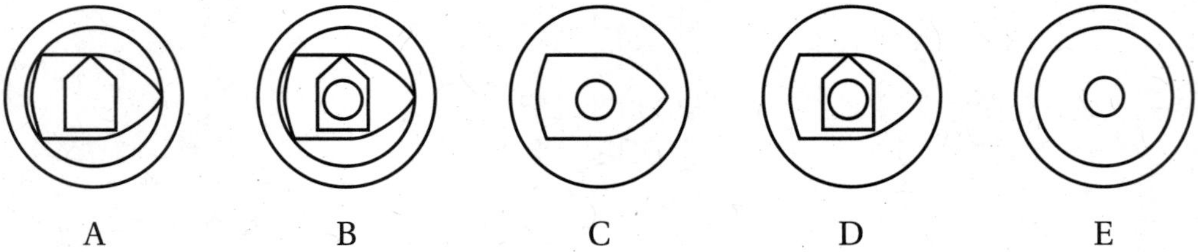

Test 38

Quel nombre doit logiquement remplacer le point d'interrogation ?

69723, 49887, 43463, 19909, ?

Test 39

Remplissez les blancs pour former deux synonymes.
Les mots tournent autour du cercle, l'un se lisant
dans le sens des aiguilles d'une montre
et l'autre, dans le sens inverse.

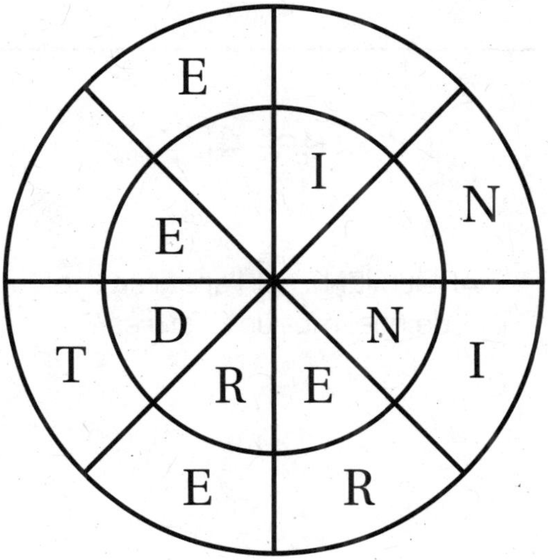

Test 40

Les mots ci-dessous sont les anagrammes de quelles couleurs ?

BURNE, ONAGRE, LEBU

Test 41

Quel mot de trois lettres peut suivre le premier mot et précéder le second pour former deux nouveaux mots?
TIC-, TIQUE

Test 42

ARQUAIENT est l'anagramme de quel mot de 9 lettres ?

Test 43

Quels sont les deux mots dont le sens est opposé ?

NAÏF, PLEIN D'ESPOIR, RUSÉ, BRAVE, STUPIDE, OUVERT

Test 44

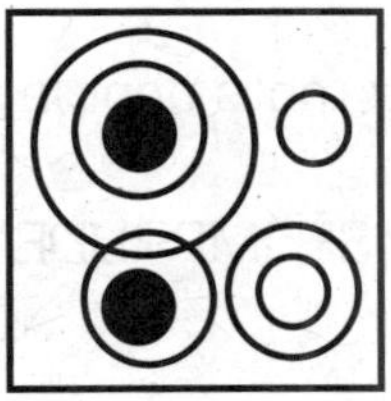

Parmi les cinq carrés ci-dessous,
lequel ressemble le plus au carré ci-dessus ?

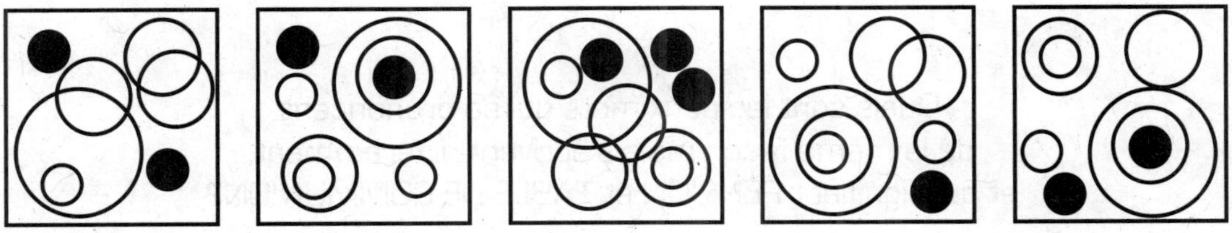

A B C D E

Test 45

Que signifie le mot LOGIQUE ?

DROIT, RATIONNEL, CORRECT, SIMPLE OU STRATÉGIQUE

Test 46

Quels sont les deux mots dont le sens est opposé ?

MAGIQUE, LUGUBRE, AVISÉ, IMPRUDENT, PESANT, GÉNÉREUX

Test 47

Quels sont les deux mots qui se prononcent
de la même façon mais s'écrivent différemment,
et qui signifient PENSION et TABLE DE COMMUNION?

Test 48

Quel est l'intrus ?

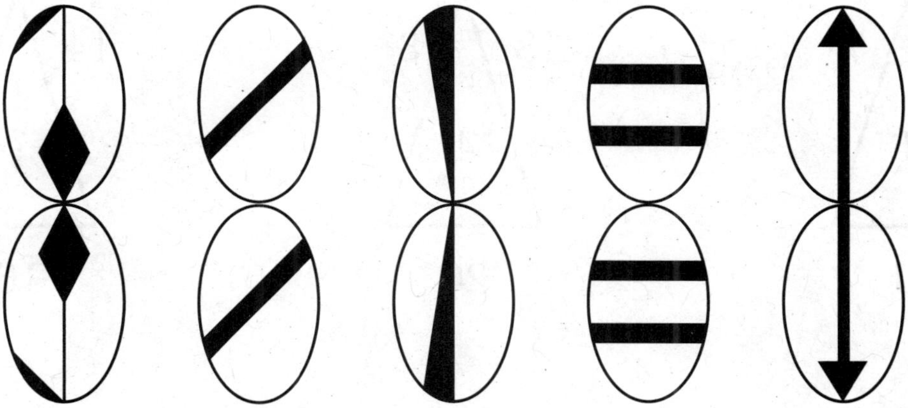

A B C D E

Test 49

Lequel des mots suivants n'est pas
une anagramme d'une pierre précieuse ?

SUBIR, MANDAIT, NAIZIN, PARISH ou A DEMEURÉ

Test 50

Quel nombre doit logiquement remplacer le point d'interrogation ?

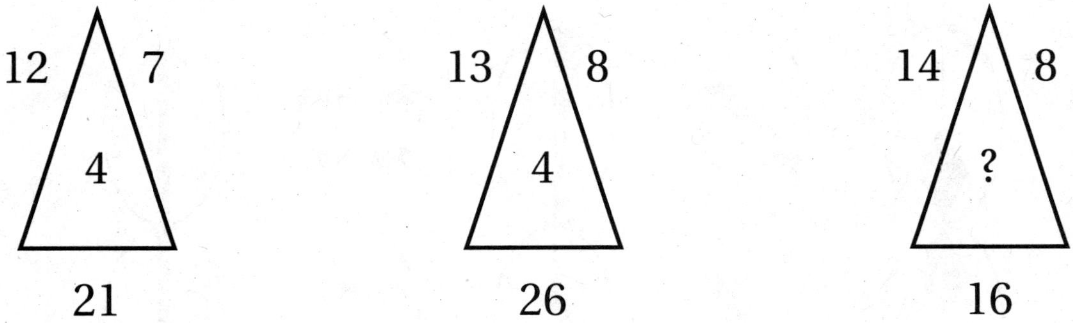

Test 51

Quel mot est le plus susceptible de se trouver
dans la définition du dictionnaire au mot ÉPOXY?

OXYGÈNE, OR, ARGENT, BRONZE ou PLATINE

Test 52

Que signifie le mot HALLEBARDE ?
DRAGON, POISSON, ARME, OISEAU ou FLEUR

Test 53

Quel est l'intrus ?

RUGBY, CRICKET, FOOTBALL,
BASKET-BALL, NATATION, TENNIS

Test 54

Insérez les lettres ci-dessous dans les espaces blancs pour créer deux synonymes.

EQTUTÉMNTNRTA

_ A G _ _ _ I _ _ _   A _ _ _ A Y _ _ T

Test 55

Quel nombre doit logiquement
remplacer le point d'interrogation ?

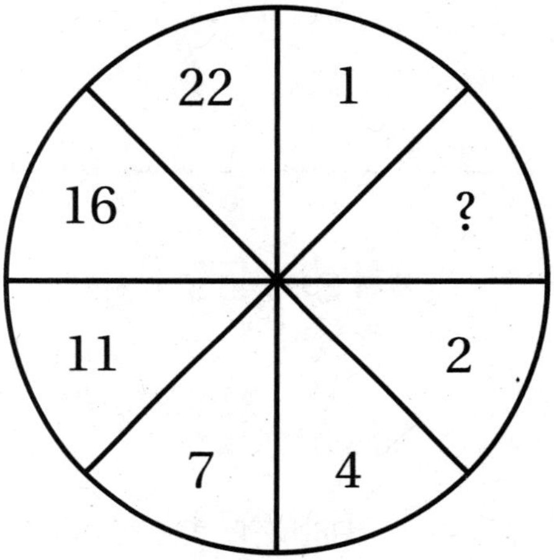

Test 56

ÉMERAUDE : VERT ::

A. TOPAZE : NOIR
B. JASPE : ROUGE
C. OPALE : ORANGE
D. SAPHIR : BLEU
E. GRENAT : JAUNE

Test 57

Chacun des neuf carrés dans la grille ci-dessous marqués 1A à 3C doit incorporer tous les traits et symboles qui sont dans les carrés de la même lettre et du même nombre qui se trouvent en haut à gauche.

Par exemple, 3B doit incorporer tous les traits et symboles qui sont dans le carré 3 et dans le carré B.

Quel est le carré incorrect ?

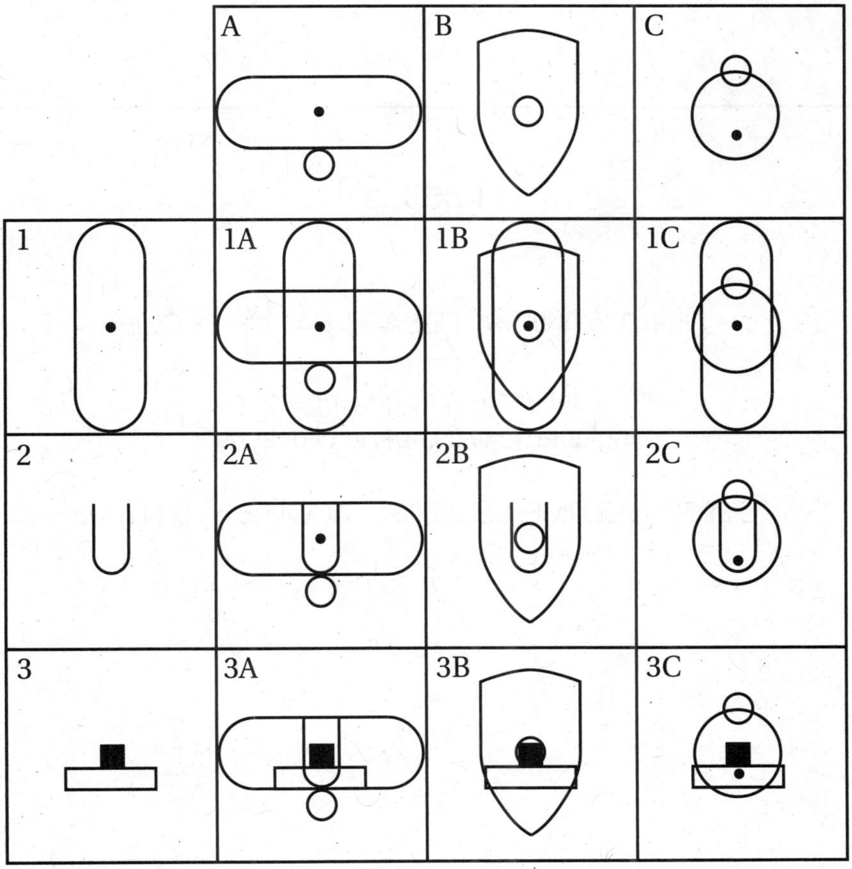

Test 58

4839 : 5748 : 6657

Quels nombres ont le même rapport entre eux que ceux-ci-dessus ?

A. 7392 : 8273 : 9182
B. 4915 : 5824 : 6743
C. 9846 : 8827 : 7636
D. 3726 : 4635 : 5544
E. 4829 : 5738 : 7647

Test 59

SÉNAT, PANAMA, DOSAGE, PATINE, DÉCIDÉ

Quel est le mot qui appartient
logiquement à la série ci-dessus ?

SIERRA, VOLUME, SERVEUR, FAUCILLE ou RYTHME

Test 60

Quels sont les deux mots dont
le sens est le plus près ?

ACCOMPLIR, CONSEIL, SUPPOSER,
CONCLAVE, DOTER, MIROIR

Test 61

Quelle lettre doit logiquement
remplacer le point d'interrogation ?

A	C	F
D	?	I
H	J	M

Test 62

Réarrangez les lettres dans les mots
ci-dessous pour énumérer trois danses.

TONGA LAVES BRUMA

Test 63

Remplissez les blancs pour former deux synonymes.
Les mots tournent autour du cercle, l'un se lisant
dans le sens des aiguilles d'une montre
et l'autre, dans le sens inverse.

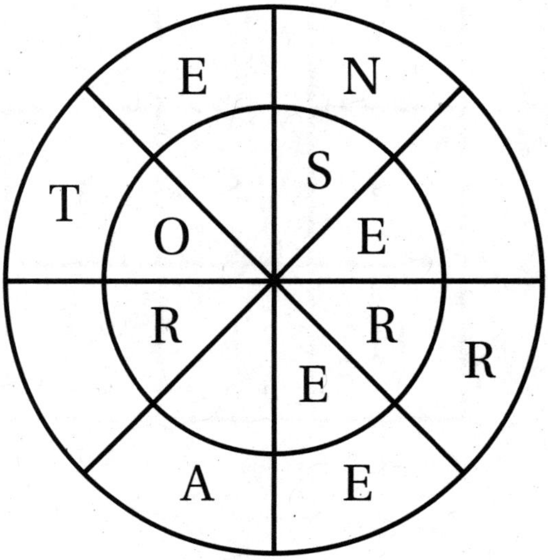

Test 64

LOCOMOTIVE : FOURGON DE QUEUE ::

A. LIVRE : DOS
B. MERCURE: VÉNUS
C. MARS : MAI
D. ALPHA : OMÉGA
E. SUIVRE : CONTINUER

Test 65

Quel est l'intrus ?

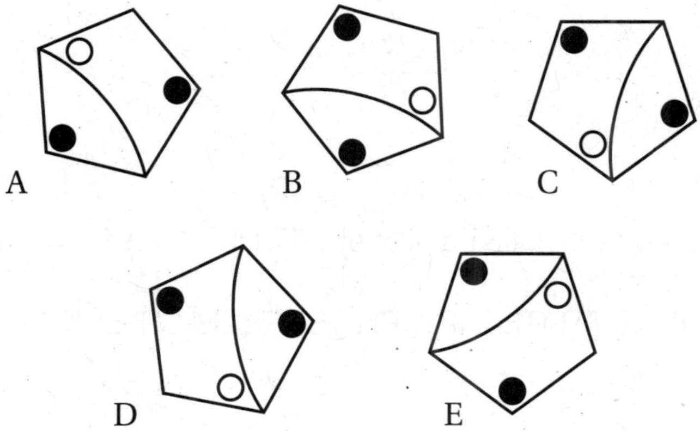
A B C D E

Test 66

Parmi les mots ci-dessous, lequel n'est pas une anagramme d'un type de nuage ?

RUCSIR, ADORENT, LUSUMUC, TRUSTAS ou SUBMIN

Test 67

Quel est l'intrus ?

PITANCE, BRAQUAGE,
CRIME, DÉLIT, CONTREFAÇON

Test 68

Parmi les mots ci-dessous, lequel signifie un groupe d'ÉTUDIANTS ?

HARAS, FRATERNITÉ, PLÉTHORE OU COLLINE

Test 69

Quel mot est le plus susceptible de se trouver dans la définition du dictionnaire au mot NÉGUS ?

ROI, MÉDICAMENT, LAIT, RÉGLISSE ou AMBRE

Test 70

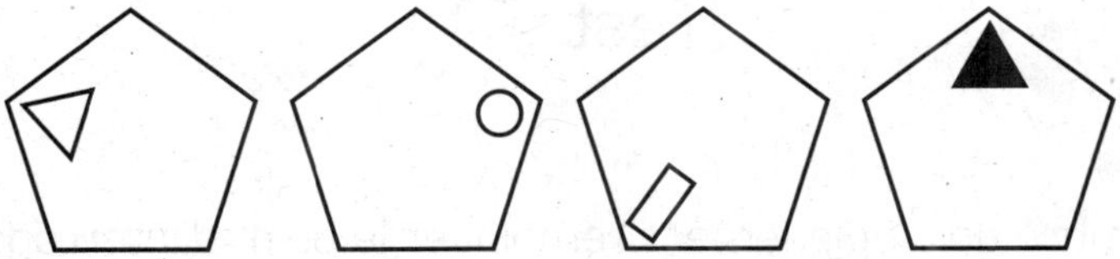

Quel dessin continue la séquence ci-dessus ?

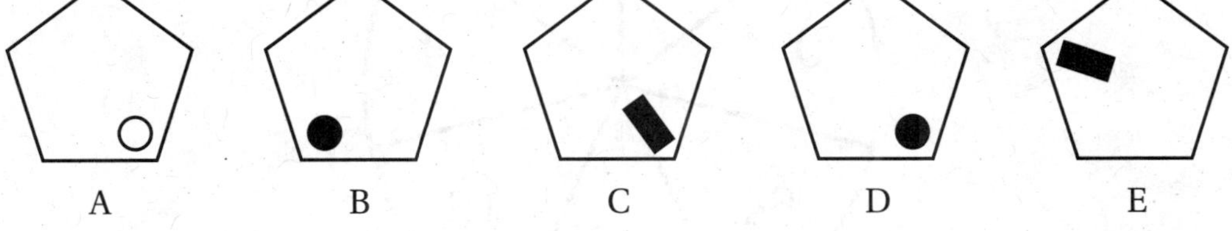

Test 71

Que signifie le mot MAZARIN ?

ORANGE, BLEU PROFOND,
GRIS, BRUN ou ROSE ARGENT

Test 72

Quel nombre doit logiquement remplacer le point d'interrogation ?

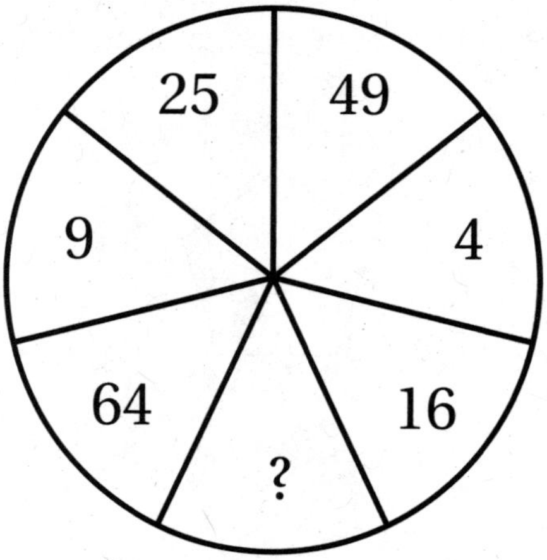

Test 73

Un fermier a 180 m de matériau pour clôture
et souhaite enclore une zone rectangulaire
de la plus grande taille possible.

Quelle sera la taille de la zone?

A. 334 m^2
B. 836 m^2
C. 1 672 m^2
D. 2 090 m^2
E. 3 344 m^2

Test 74

Quel mot de cinq lettres peut suivre le premier mot
et précéder le second pour créer deux nouveaux mots ?

DÉ, MONTAGNE

Test 75

Quels sont les deux mots
ci-dessous dont le sens est opposé?

DIABOLIQUE, SPACIEUX, ÉTRIQUÉ,
GLORIEUX, DÉCOMPOSÉ, MAGNANIME

Test 76

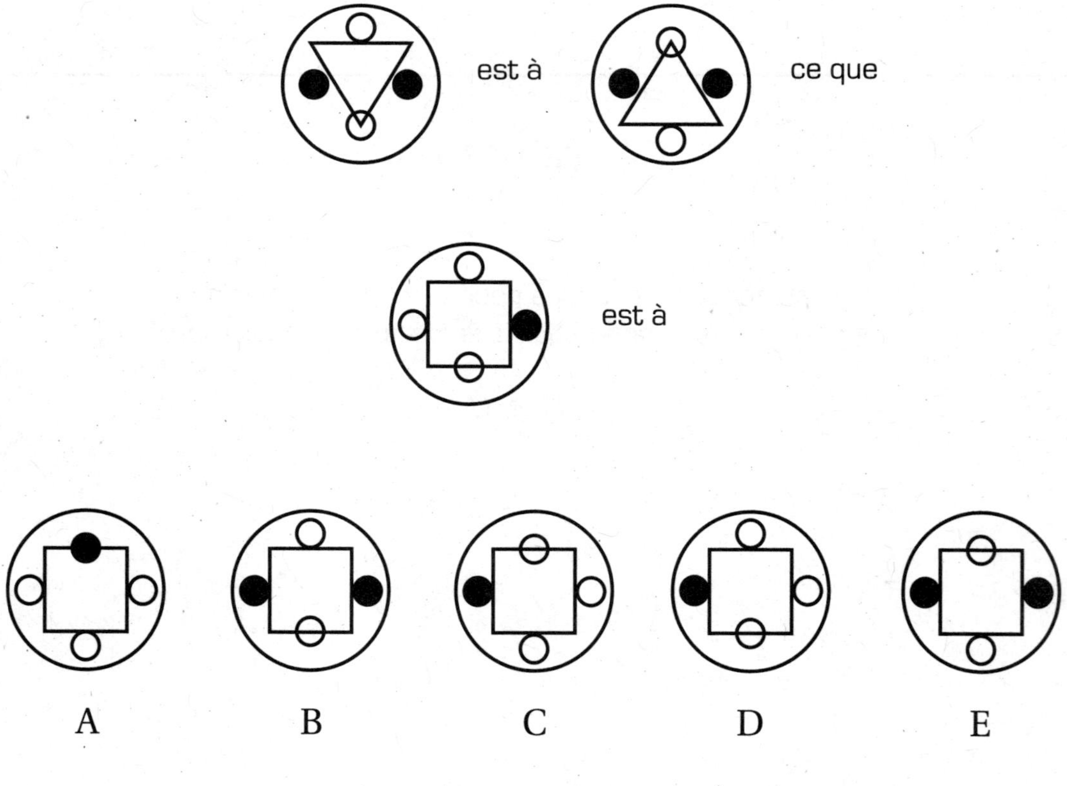

Test 77

Remplissez les blancs pour former deux synonymes.
Les mots tournent autour du cercle, l'un se lisant dans le sens des aiguilles d'une montre et l'autre, dans le sens inverse.

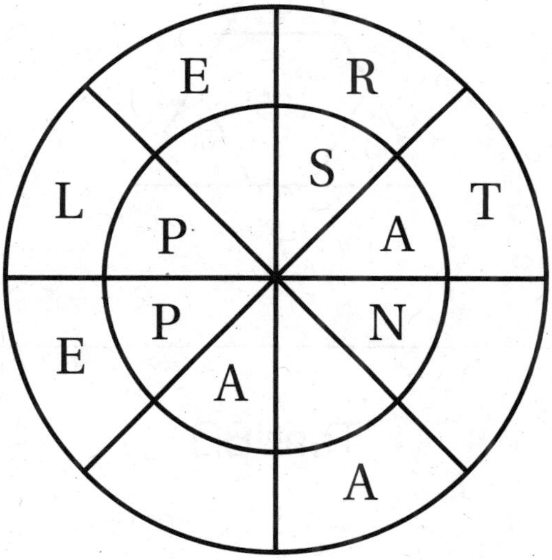

Test 78

Insérez les lettres ci-dessous dans les espaces vides pour créer deux antonymes.

BFLONTSEX

_B_ _ I _É _L_ _ I _ _E

Test 79

Quel nombre doit logiquement remplacer le point d'interrogation ?

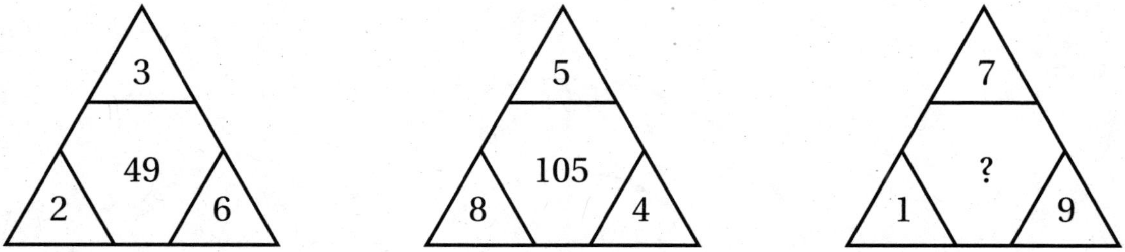

Test 80

Quel est l'intrus ?

A. $\frac{75}{15} \times 12$

B. $84 \times \frac{7}{3} \times \frac{3}{4}$

C. $78 \times \frac{2}{4} \times 3 - (11 \times \sqrt{25})$

D. $(3^2 \times 3 \times 2) + \sqrt{36}$

E. $(80\,\% \times 90) \times 2 + \sqrt{9}$

Test 81

Quels sont les deux mots ci-dessous dont le sens est opposé ?

MÉPRIS, INCOMPÉTENT, PAISIBLE, BIZARRE, IMBÉCILE, CONVENABLE

Test 82

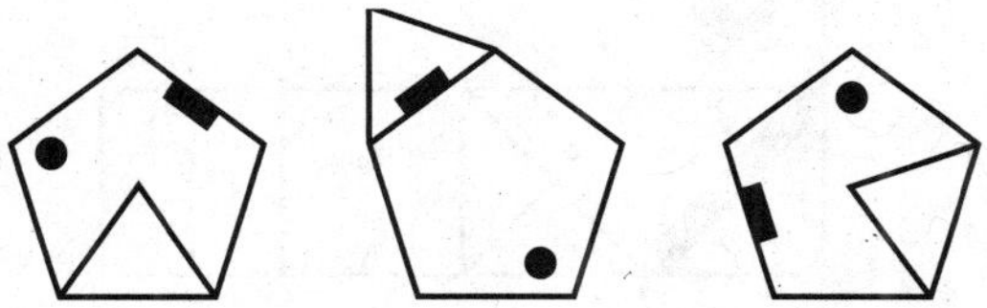

Quelle figure continue la séquence ci-dessus ?

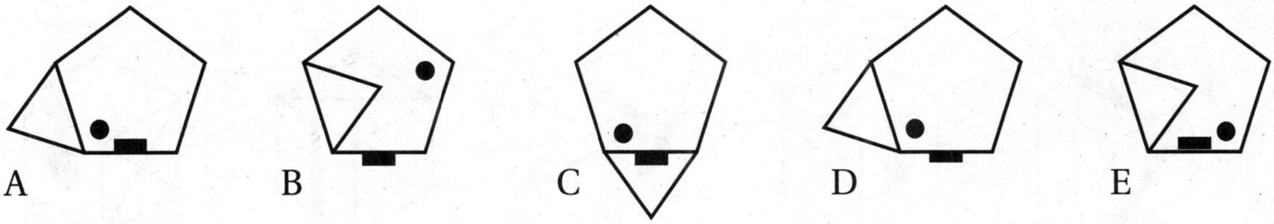

Test 83

Quels sont les deux mots ci-dessous
dont le sens est opposé ?

REPORTER, RECUEILLIR, AVANCER,
ADHÉRER, CHANGER, APPLIQUER

Test 84

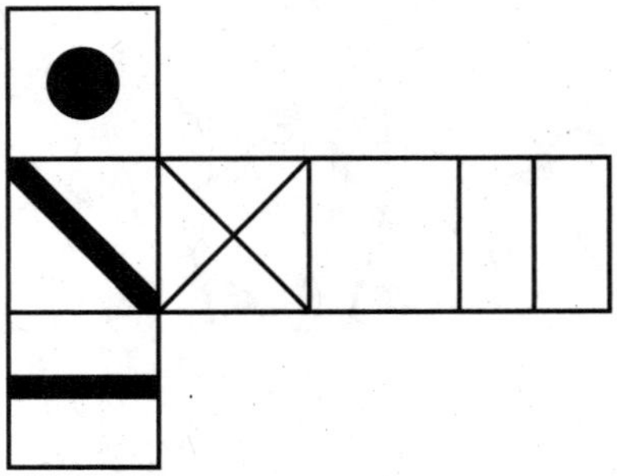

Quand le dessin ci-dessus est plié pour former un cube,
quelle est la forme créée parmi celles ci-dessous ?

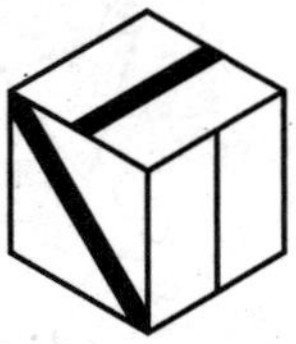

A

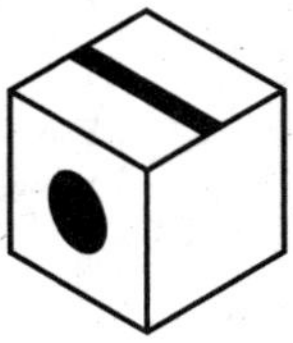

B

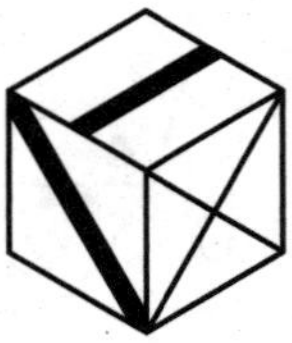

C

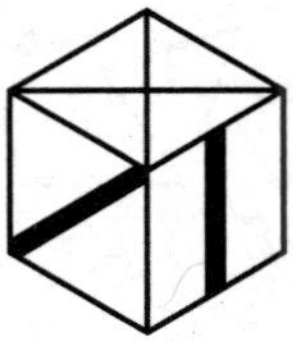

D

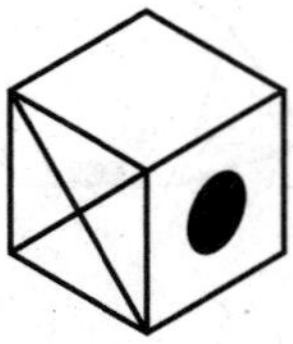

E

Test 85

SOIE : ÉTOFFE TRANSPARENTE ::

A. LIN : MOUSSELINE DE SOIE
B. COTON : TAFFETAS
C. JUTE : MOUSSELINE
D. LATIN : ACRYLIQUE
E. LAINE : ANGORA

Test 86

Il y a seulement sept lettres qui apparaissent seulement une fois dans la grille. Mettez-les en ordre et trouvez une danse des années 1960.

L	V	C	G	T	Y	Q	J
F	I	U	P	G	A	W	F
Z	C	Y	R	K	E	H	S
H	O	J	W	Z	N	B	L
F	X	M	Q	G	P	V	U
T	B	E	K	X	R	D	C

Test 87

Que signifie le mot INTAILLE ?

HAREM, RESTAURANT, GRAVURE EN CREUX, BATEAU ÉTROIT ou IMAGE

Test 88

Quel est l'intrus ?

PLAQUE CHAUFFANTE, MICRO-ONDES, FOUR, RETABLE, RÔTISSOIRE, GRIL

Test 89

Que signifie le mot ÉPOQUE ?

MOMENT DE CÉLÉBRATION, DATE MÉMORABLE,
VACANCES, REPOS, BANQUET

Test 90

Quel nombre doit logiquement remplacer le point d'interrogation ?

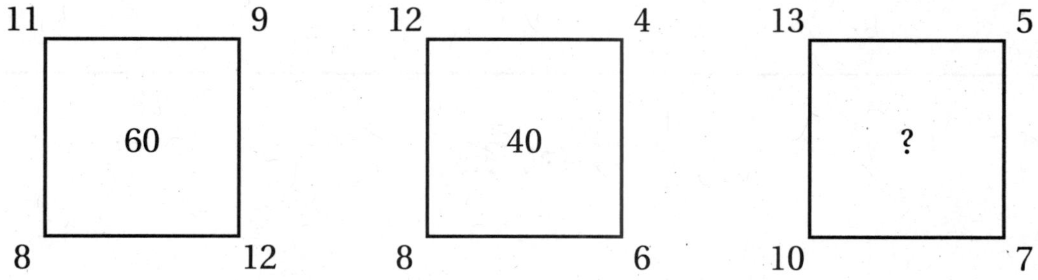

Test 91

GUITARISENT est l'anagramme de quel mot de 11 lettres ?

Test 92

Quel mot de trois lettres peut suivre le premier mot
et précéder le second pour créer deux nouveaux mots ?

COUPE-, ARD

Test 93

3 – (7 + 5) + 2 x 6 = ?

Test 94

Combinez deux des groupes de trois lettres ci-dessous pour former le nom d'un monstre.

GIA, LOG, GON, RES, NUT, DRA

Test 95

Quels sont les deux mots qui se prononcent de la même façon mais s'écrivent différemment, et qui signifient PETIT BOLIDE et ÉLÉMENT DE JEU ?

Test 96

Quel cercle ci-dessous doit logiquement remplacer le point d'interrogation ?

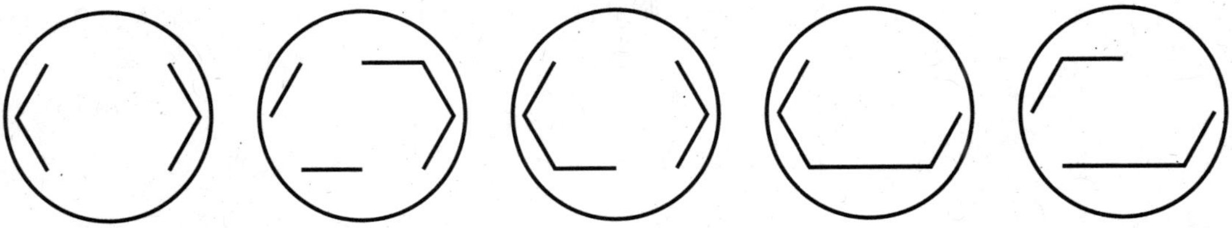

A B C D E

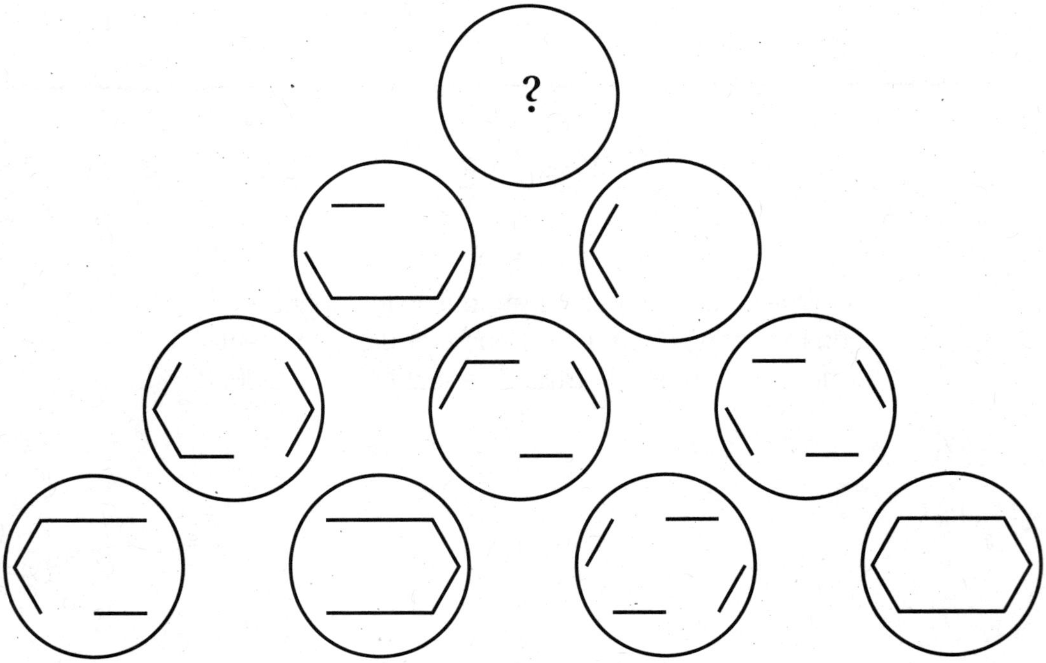

Test 97

Quel mot de trois lettres peut précéder
tous les mots suivants pour créer de nouveaux mots ?

CARTE, CRÉAS, SAGE

Test 98

Quel est le mot qui signifie UNIVERSEL,
mais peut signifier AMUSANT si on lui enlève une lettre ?

Test 99

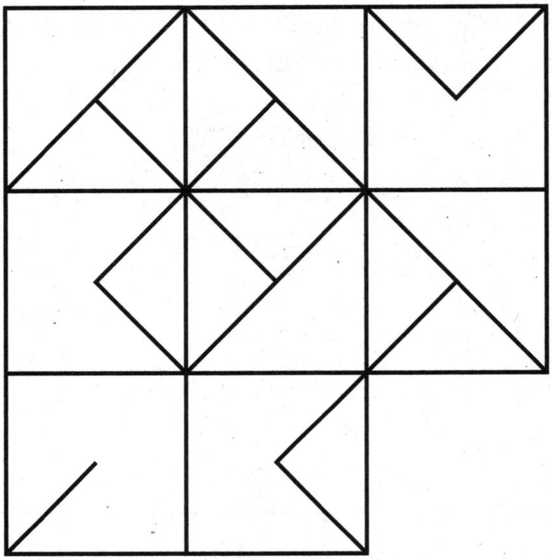

Quel carré appartient logiquement
à l'espace inférieur droit ci-dessus ?

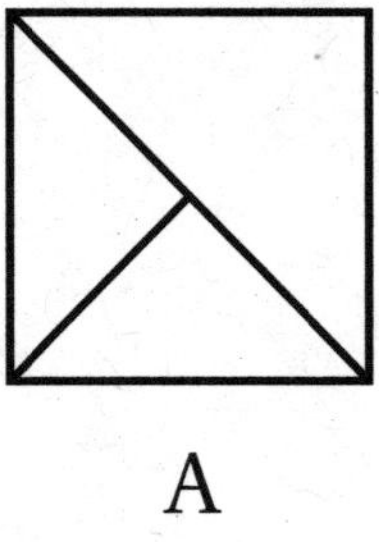

A

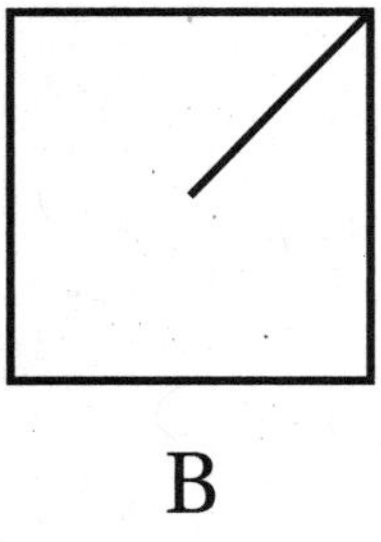

B

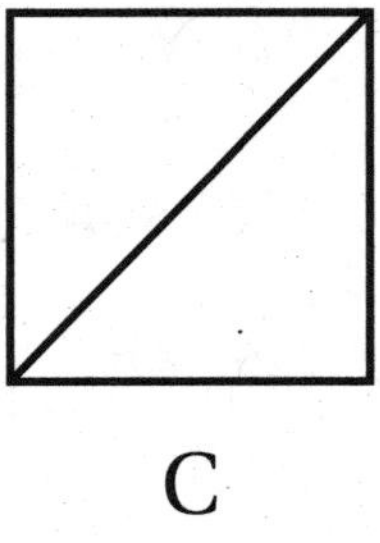

C

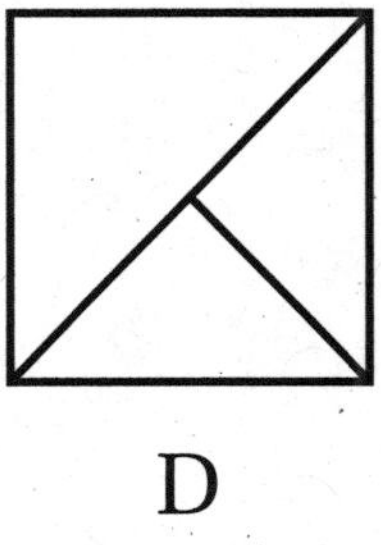

D

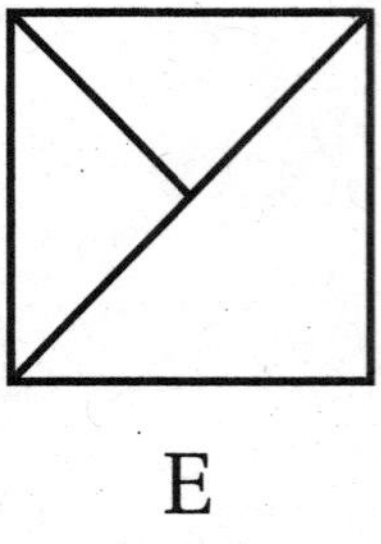

E

Test 100

Remplissez les blancs pour former deux antonymes.
Les mots tournent autour du cercle, l'un se lisant dans
le sens des aiguilles d'une montre et l'autre, dans le sens inverse.

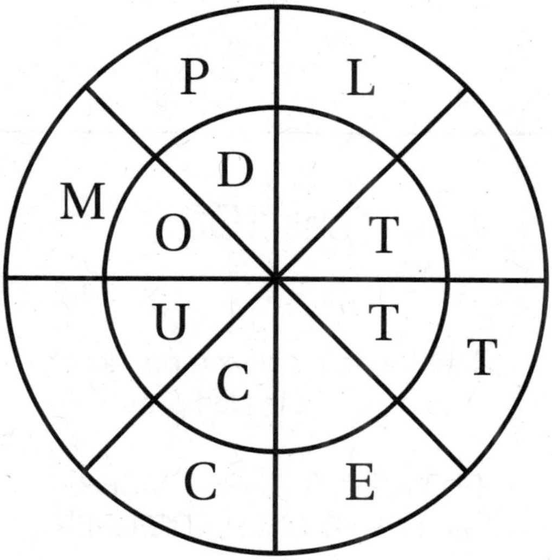

Test 101

Quel nombre doit logiquement
remplacer le point d'interrogation ?

7	11	17
23	36	?
71	111	169

Test 102

ABEILLES est une anagramme de quel prénom féminin ?

Test 103

Quels sont les deux mots dont
le sens est le plus près ?

PLONGER, SATURER, VIDER,
INONDER, TACHER, ÉCŒURER

Test 104

Remplacez chaque blanc par
une lettre pour créer un adjectif.

_ _ _ NDEST _ _

Test 105

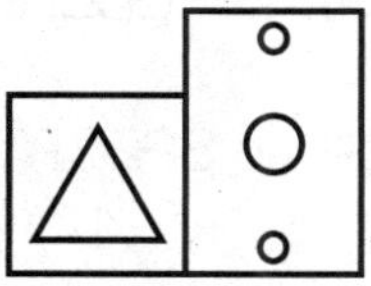 est à 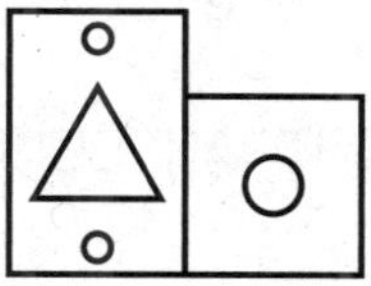 ce que

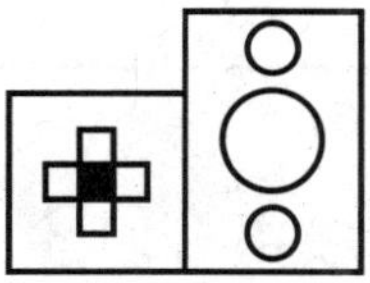 est à

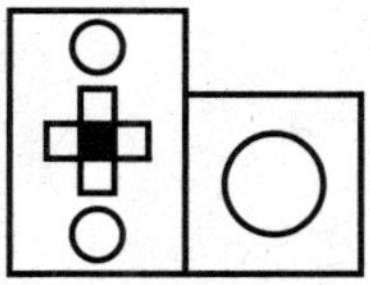
A

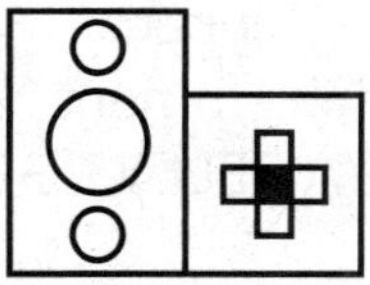
B

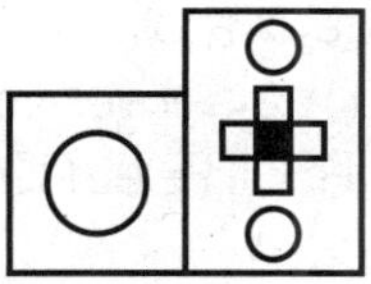
C

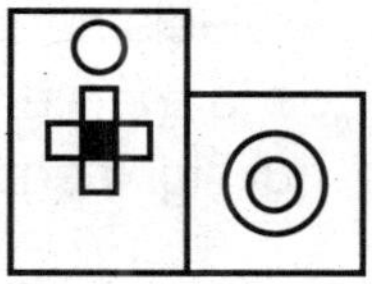
D

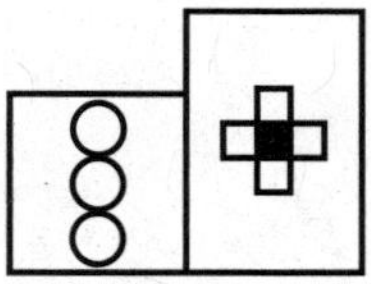
E

Test 106

Quel mot de six lettres signifie
à la fois DROIT et FRANC ?

Test 107

Que veut dire l'expression MOUCHE DU COCHE ?

REPAS, PORTRAIT, BOISSON, REFUGE ou SPECTATEUR

Test 108

Quels sont les deux mots qui se prononcent
de la même façon mais s'écrivent différemment,
et qui signifient POURSUITE et COFFRE À RELIQUES ?

Test 109

Quel est l'intrus ?

POÈME, KAKI, STROPHE,
VERS, QUATRAIN

Test 110

Quel nombre doit logiquement
remplacer le point d'interrogation ?

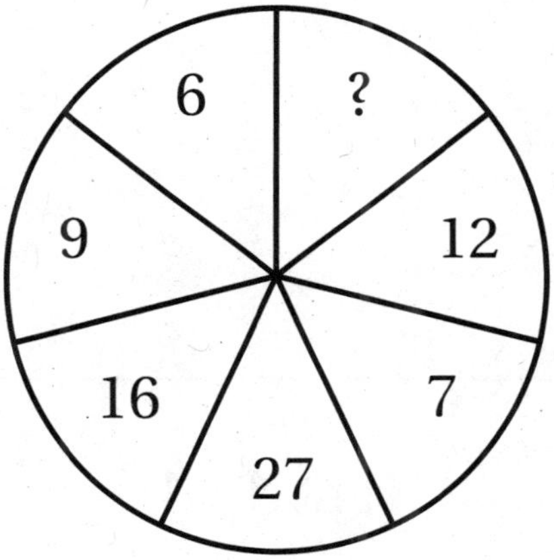

Test 111

Combien d'équipes différentes de cinq personnes
peut-on créer avec neuf personnes ?

Test 112

Quels sont les deux mots dont le sens est opposé ?

VIRIL, DEXTÉRITÉ, RESPECTUEUX,
GAUCHERIE, INCOGNITO, ATTENTIF

Test 113

Lequel n'est pas une anagramme d'un type d'arbre?

PANTELA, SALUE, SUCIONS, ÉMÈELZ ou CÉDER

Test 114

6 589 : 1 414 : 28

Quels nombres ont le même rapport entre eux que ceux ci-dessus ?

A. 4 839 : 2 161 : 14
B. 7 836 : 1 590 : 69
C. 8 526 : 1 470 : 1011
D. 9 909 : 5 112 : 76
E. 3 798 : 1 215 : 27

Test 115

Tous les traits et symboles qui apparaissent
dans les quatre cercles extérieurs sont transférés
au cercle du centre selon les règles suivantes :

Si le trait ou symbole se trouve dans les cercles extérieurs...
une fois, il est transféré;
deux fois, il est peut-être transféré;
trois fois, il est transféré;
quatre fois, il n'est pas transféré.

Lequel des cercles ci-dessous doit apparaître au centre du diagramme ?

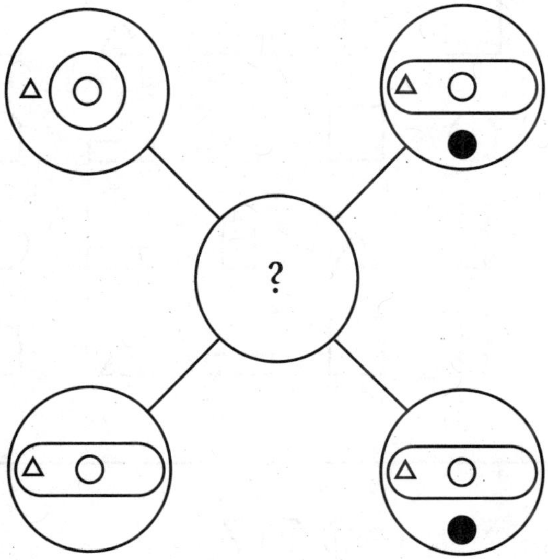

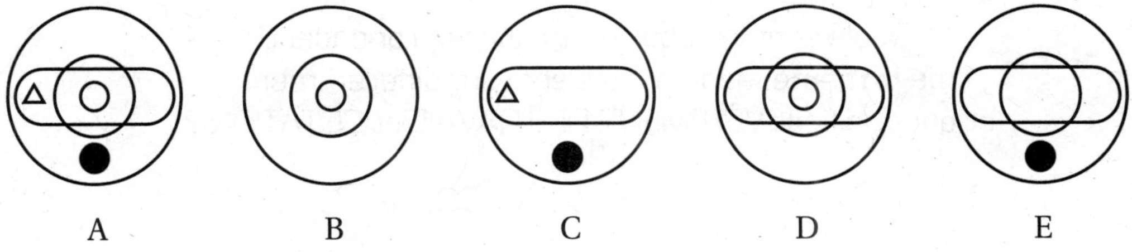

Test 116

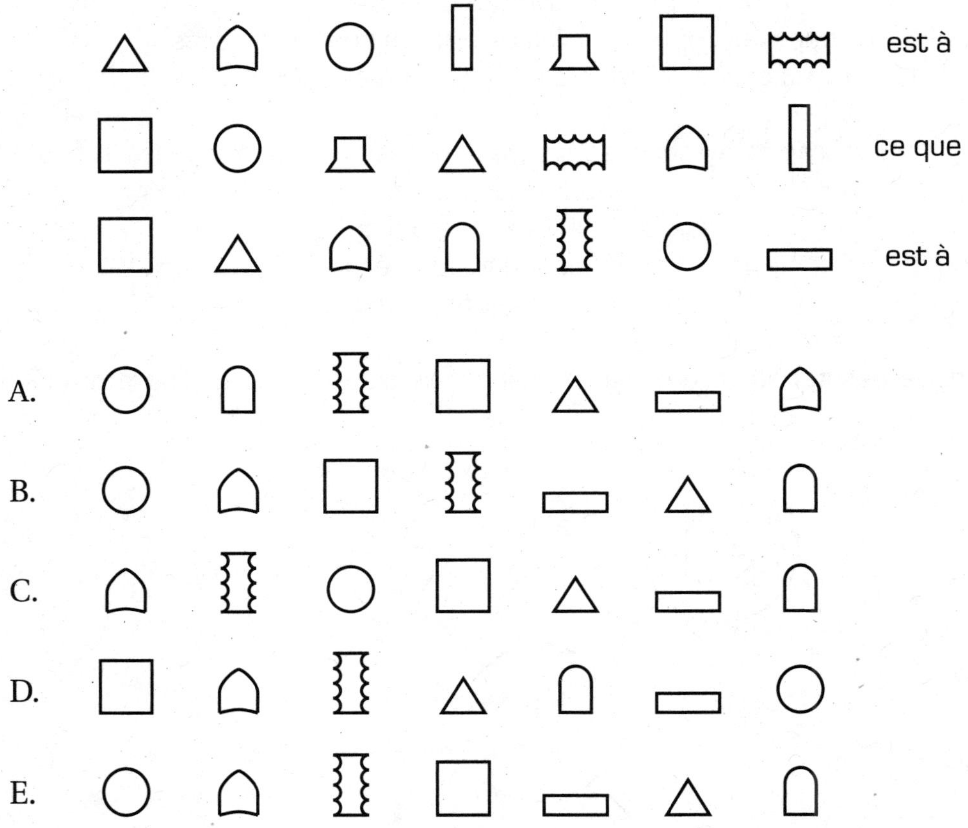

Test 117

Quels sont les deux mots qui se prononcent
de la même façon mais s'écrivent différemment,
et qui signifient VÊTEMENT DE TRAVAIL et COTATION ?

Test 118

Quel mot est le plus susceptible de se trouver
dans la définition du dictionnaire au mot BOUGRAN ?

LIN, VERRE, CUIVRE, DENTELLE ou LAINE

Test 119

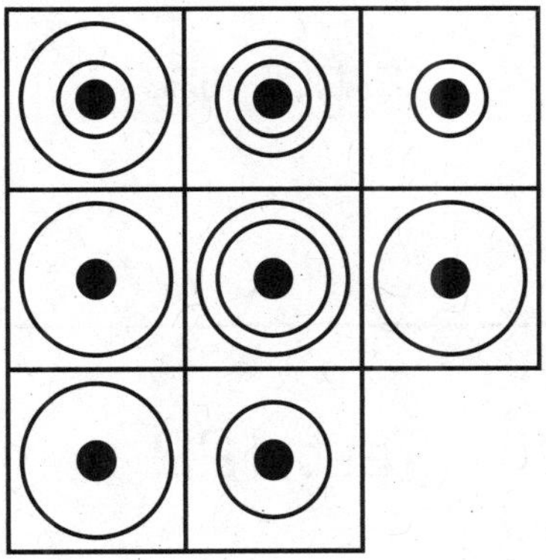

Quel carré appartient logiquement
à l'espace inférieur droit ci-dessus ?

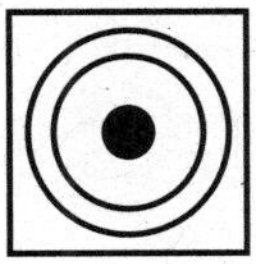

A

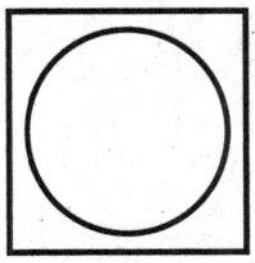

B

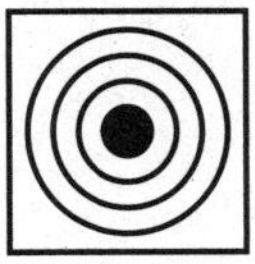

C

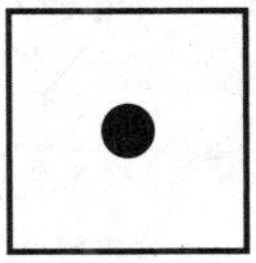

D

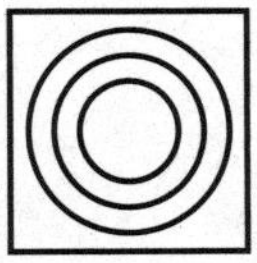

E

Test 120

Que signifie le mot FRANCHISE ?
NOURRITURE FRANÇAISE, AUTORISATION À COMMERCER, CAPACITÉ, DÉVOTION, HAINE

Test 121

Quel mot de trois lettres peut suivre le premier mot et précéder le second pour former deux nouveaux mots ?

CRAQUE, AIRE

Test 122

CENT, DÉFI, CHIOT, DOUX

Quel mot ci-dessous appartient logiquement aux mots ci-dessus ?

FORT, SALE, GAIN, PARTIE ou TIMIDE

Test 123

Commencez par n'importe quelle lettre et passez
de carré en carré horizontalement ou verticalement,
mais pas diagonalement, pour épeler un mot de douze lettres.
Vous devez fournir les lettres manquantes.

A		T
N	I	E
D		R
E	T	E

Test 124

Quel nombre doit logiquement
remplacer le point d'interrogation ?

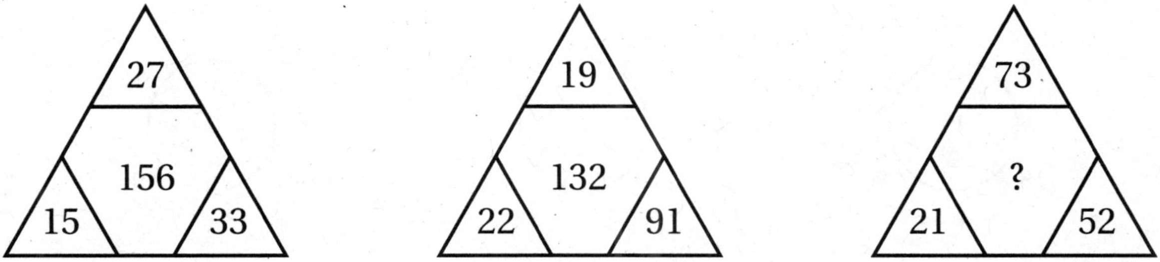

Test 125

Quelle lettre est la deuxième à la droite de la lettre qui est la quatrième à la gauche de la lettre qui est immédiatement à la droite de la lettre qui est la troisième à la gauche de la lettre H ?

A B C D E F G H

Test 126

Prendre une lettre, dans l'ordre, de chacun des antonymes de SÉVÈRE donnés ci-dessous pour former un autre antonyme.

FACILE, AIMABLE, DÉCONTRACTÉ, COMPATISSANT, LÉGER, ACCOMMODANT, INDULGENT

Test 127

Quel nombre doit logiquement remplacer le point d'interrogation ?

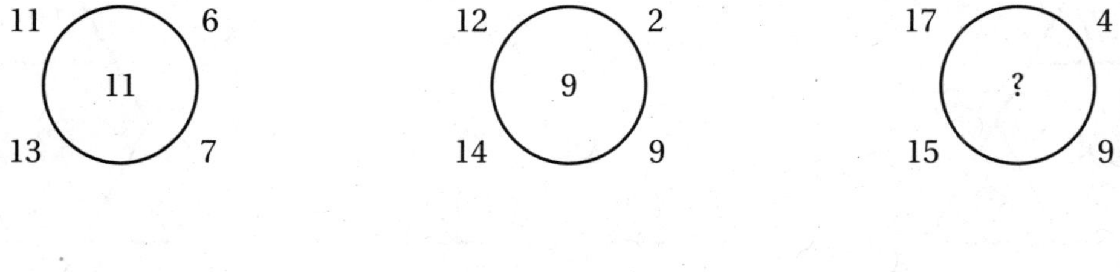

Test 128

Les lettres ci-dessous représentent une phrase où les initiales de chaque mot et les espaces ont été enlevés. Quelle est cette phrase ?

UEAORCEOITVECOI

Test 129

Quels sont les deux mots dont le sens est opposé ?

PÉNITENT, ASTRINGENT, SALUBRE, SÉPARANT, RÉSOLU, TRIOMPHANT

Test 130

Quel mot de huit lettres signifie à la fois VIRUS et PIQUE-ASSIETTE ?

Test 131

Quel est l'intrus ?

ICOSAÈDRE, PRISME, CYLINDRE,
HEXAGONE, DODÉCAÈDRE

Test 132

Remplissez les blancs pour former deux synonymes.
Les mots tournent autour du cercle,
l'un se lisant dans le sens des aiguilles d'une montre
et l'autre, dans le sens inverse.

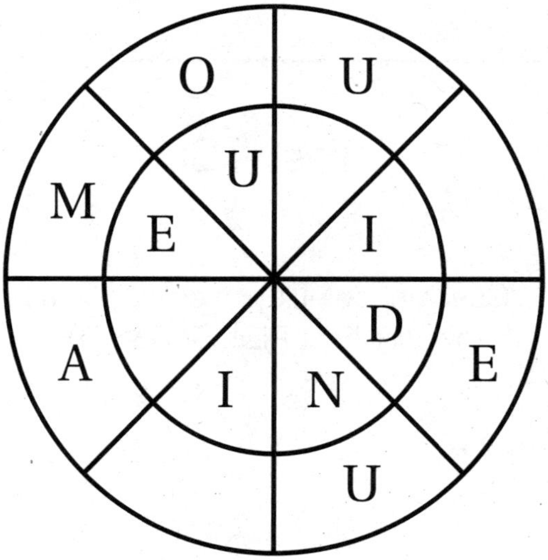

Test 133

Combinez deux des groupes de trois lettres pour former le nom d'une prise de lutte.

HEA, ARM, LOK, SON, LOC, NEL

Test 134

Quels sont les deux mots dont le sens est le plus près ?

CIRRUS, PÉNINSULAIRE, COL,
BARRE DE SABLE, DÉPRESSION, MISTRAL

Test 135

Chacun des neuf carrés dans la grille marqués 1A à 3C
doit incorporer tous les traits et symboles qui sont dans les carrés
de la même lettre et du même nombre en haut à gauche.
Par exemple, 3B doit incorporer tous les traits et symboles
qui sont dans les carrés 3 et B.
Quel est le carré incorrect ?

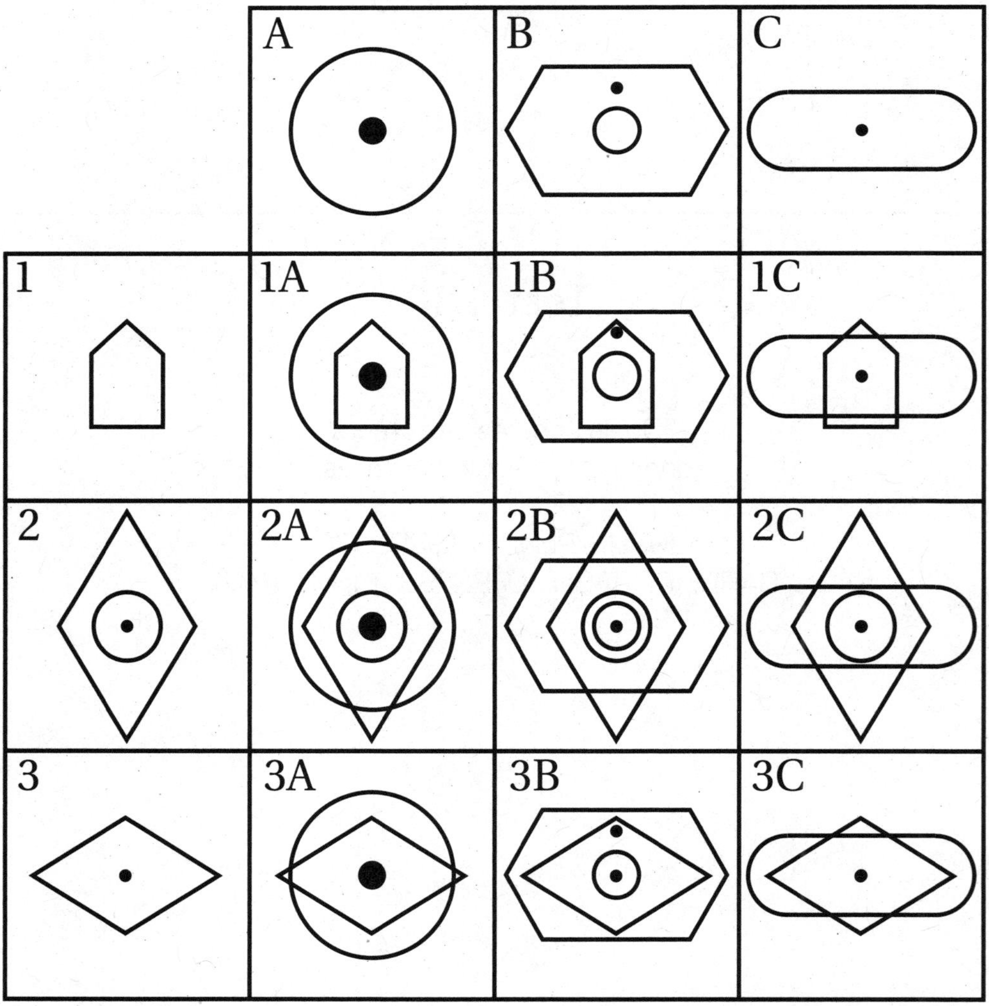

Test 136

Remplissez les blancs pour former deux synonymes.
Les mots tournent autour du cercle,
l'un se lisant dans le sens des aiguilles d'une montre
et l'autre, dans le sens inverse.

Test 137

Quel nombre doit logiquement
remplacer le point d'interrogation ?

237 : 4 280 : 582
863 : 14 424 : 416
523 : ? : 826

Test 138

Quelle anagramme n'est
pas celle d'un compositeur ?

A. MONTE
B. IRISONS
C. BITEZ
D. DONGOU
E. HARLEM

Test 139

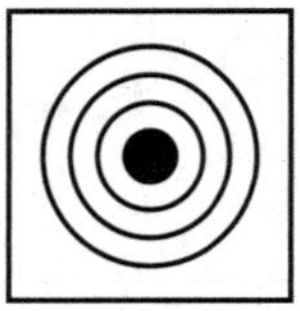

Lequel des cinq carrés ci-dessous
a le plus en commun avec celui ci-dessus ?

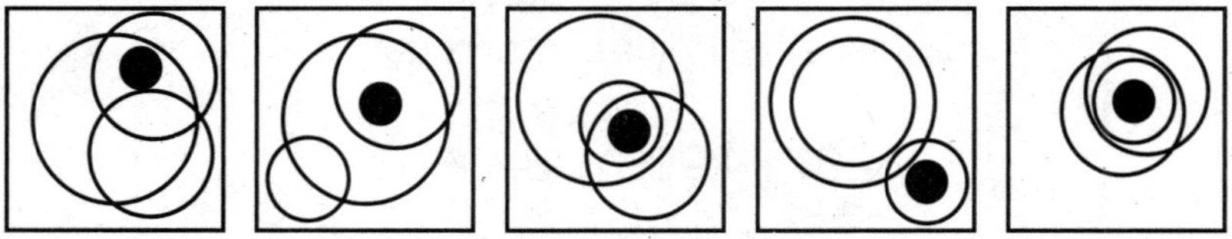

A B C D E

Test 140

Quels nombres doivent logiquement remplacer les points d'interrogation ?

3	6	?	330
2	5	?	41

Test 141

Insérez la paire de mots correcte dans les espaces blancs de la phrase ci-dessous.
Le problème avec l'utilisation des ___ est qu'elles sont souvent ___ seulement par la personne qui les utilise.

A. ORDINATEURS, ACCÉDÉS
B. ABRÉVIATIONS, COMPRISES
C. ANAGRAMMES, TRADUITS
D. MOTS, EXPRIMÉS
E. ÉPITAPHES, APPRÉCIÉES

Test 142

NE VARIETUR est une anagramme
de quel mot de 10 lettres ?

Test 143

Quels sont les deux mots
dont le sens est le plus près ?

LIBERTIN, ÉPHÉMÈRE, BREF,
PLACIDE, IMMORAL, PRÉCIS

Test 144

Quel est l'intrus ?

BICHE, ÂNESSE,
CYGNE, BREBIS, TRUIE

Test 145

Quels sont les deux mots qui se prononcent
de la même façon mais s'écrivent différemment,
et qui signifient ANIMAL et ŒIL ?

Test 146

Quel mot de sept lettres signifie à la fois
DIVISION D'UN LIVRE et RÉUNION RELIGIEUSE ?

Test 147

Quel nombre doit logiquement
remplacer le point d'interrogation ?

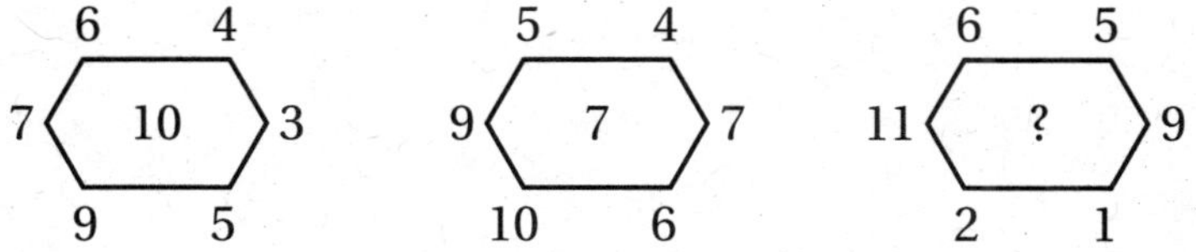

Test 148

Quel mot est le plus susceptible de se trouver dans la définition du dictionnaire au mot BISQUE ?

BISCUITS, FLAN, PRUNES, POULET ou SOUPE

Test 149

Quels sont les deux mots ci-dessous dont le sens est opposé ?

PEUPLÉ, MINUSCULE, DÉVOTION,
GARGANTUESQUE, DÉPOURVU, FRUCTUEUX

Test 150

Combinez deux des trois groupes de trois lettres
pour former le nom d'une danse.

TOT, TEZ, UET, WAL, MEN, FOX

Test 151

$$\frac{3 + 6 \times 2}{3 + 2 \times 3} = ?$$

Test 152

Que signifie le mot VARECH ?

BOISSON, PIED ENFLÉ, ALGUES,
CICATRICE ou MORCEAU DE MUSIQUE

Test 153

Quel est l'intrus ?

PEPPERONI, SAUCISSE, CHOUCROUTE,
CHIPOLATA, KNACKWURST

Test 154

Quel cercle doit logiquement remplacer le point d'interrogation ?

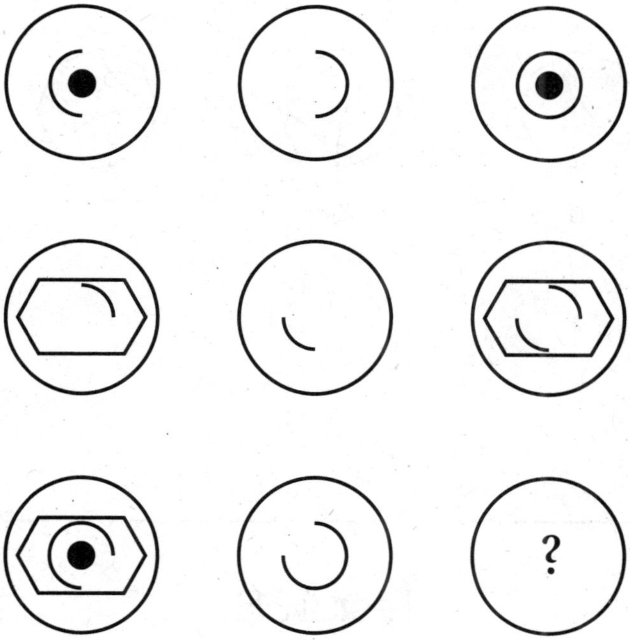

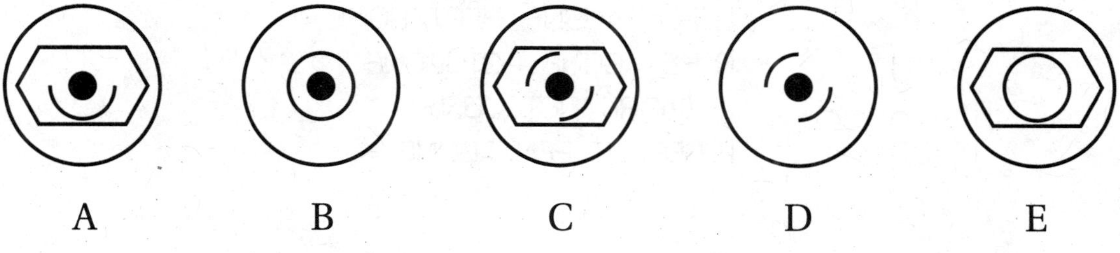

A B C D E

Test 155

Quel est l'intrus ?

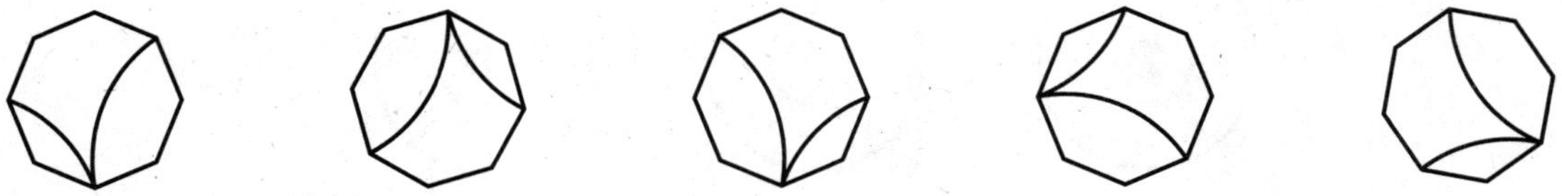

A B C D E

Test 156

TRIANGLE : HEXAGONE ::

A. CARRÉ : PENTAGONE
B. PENTAGONE : HEPTAGONE
C. HEXAGONE : OCTOGONE
D. CARRÉ : OCTOGONE
E. CERCLE : PENTAGONE

Test 157

Quel est le résultat de la multiplication de la somme des nombres impairs de la grille de gauche par la somme des nombres pairs de la grille de droite ?

28	16	5	36
22	6	2	4
9	18	3	42
17	1	6	15

4	37	10	1
3	2	15	7
14	17	19	9
5	32	23	8

Test 158

DAME, TIR, POU, LANDE, MIS

Quel mot ci-dessous continue logiquement la séquence ci-dessus ?

CRÊTE, BOUT, GROGNE, CHARGE OU FLOTTE

Test 159

Quelle figure ci-dessous continue la séquence ci-dessus ?

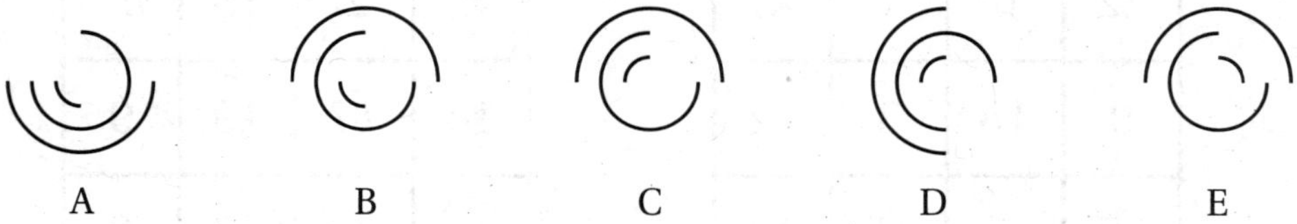

Test 160

Quel nombre doit logiquement remplacer le point d'interrogation ?

6	8	12
10	2	5
15	4	?

Test 161

CODE QUATRIMÉ est l'anagramme
de quel mot de 12 lettres ?

Test 162

Lequel des mots ci-dessous est
un antonyme d'INTELLIGENT ?

DÉBAUCHÉ, LUCIDE, STUPIDE,
SIMPLE, EMBROUILLÉ

Test 163

Changez une lettre dans chaque mot de
COME GA CAS ATÉ CONITRUITE AN IN POUR
pour former une phrase célèbre.

Test 164

Quel mot de cinq lettres signifie
à la fois RESTE et VENTE ?

Test 165

Que signifie le mot FRISSON ?

CARAMBOLAGE, ÉCLAIR, CREVASSE,
SENSATION FORTE, ESCARPEMENT

Test 166

Quel nombre doit logiquement
remplacer le point d'interrogation ?

26, 39, 58½, 87¾, ?

Test 167

Quel mot de six lettres peut suivre le premier mot
et précéder le second pour former deux nouveaux mots ?

CONTRE-, CHANTEUR

Test 168

Quel nombre doit logiquement
remplacer le point d'interrogation ?

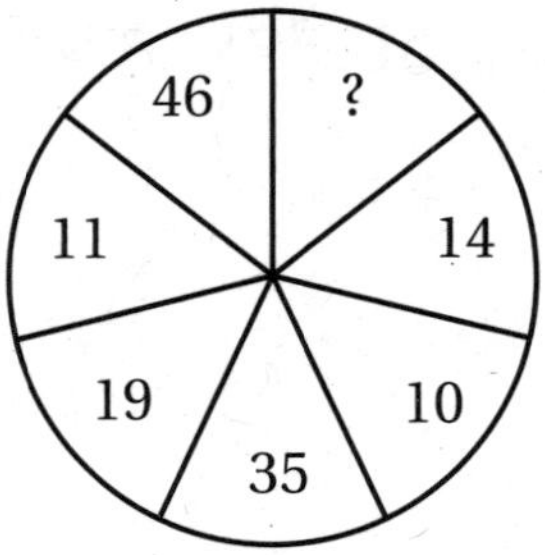

Test 169

Quels sont les deux mots dont le sens est le plus près ?

PRÊTEUR SUR GAGES, DROGMAN, CHARLATAN,
MARCHAND, ARTISTE, INTERPRÈTE

Test 170

Quels sont les deux mots qui se prononcent
de la même façon mais s'écrivent différemment,
et qui signifient ARBRE et TRAVAIL ?

Test 171

Quel est l'intrus ?

PÉTROLIER, CLIPPER,
GALION, SLOOP, CARAVELLE

Test 172

Quel mot de six lettres signifie à la fois

METTRE QUELQU'UN EN PLACE
et VIDER UNE PARTIE DU CORPS ?

Test 173

Lequel des mots suivants n'est
pas l'anagramme d'un nom de fleur ?

ARSENICS, TIPULE, OSER, PINA ou ÉPENSE

Test 174

Quel cercle doit logiquement remplacer le point d'interrogation ?

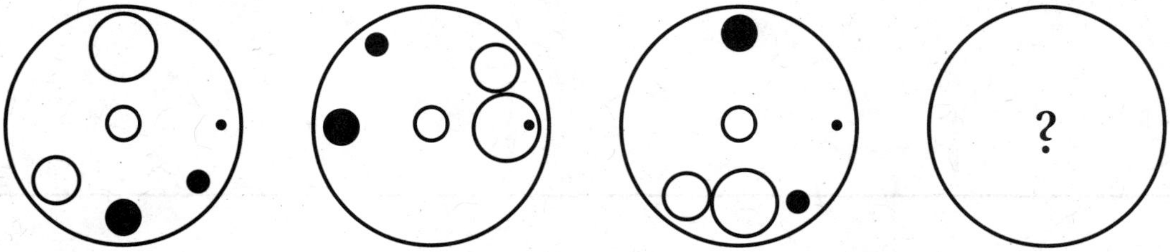

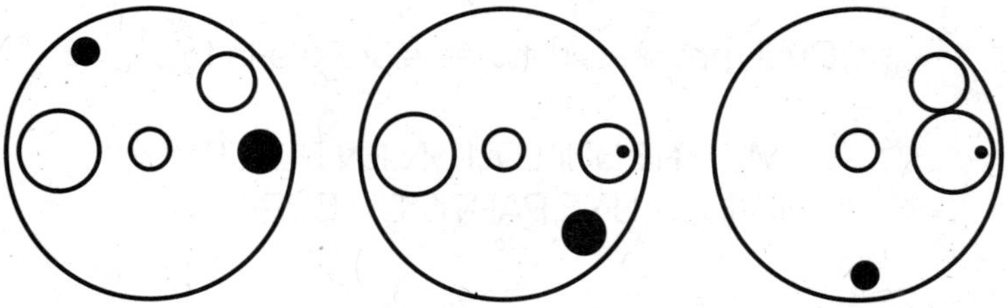

A B C

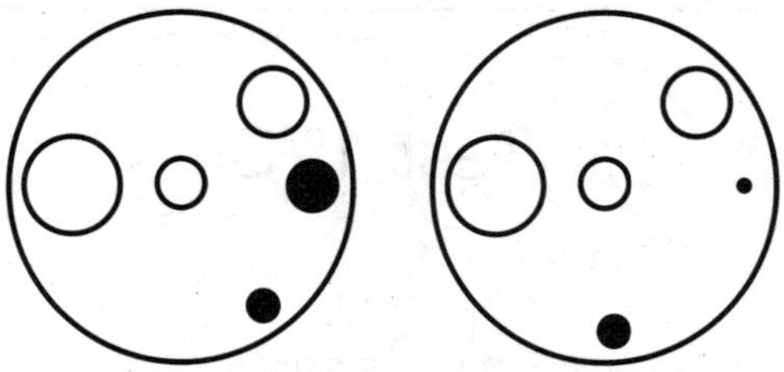

D E

Test 175

Quel est l'intrus ?

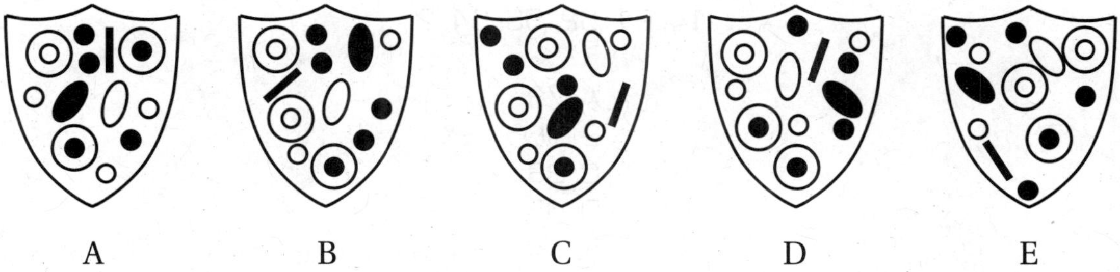

Test 176

Remplissez les blancs pour former deux antonymes.
Les mots tournent autour du cercle, l'un se lisant dans
le sens des aiguilles d'une montre et l'autre, dans le sens inverse.

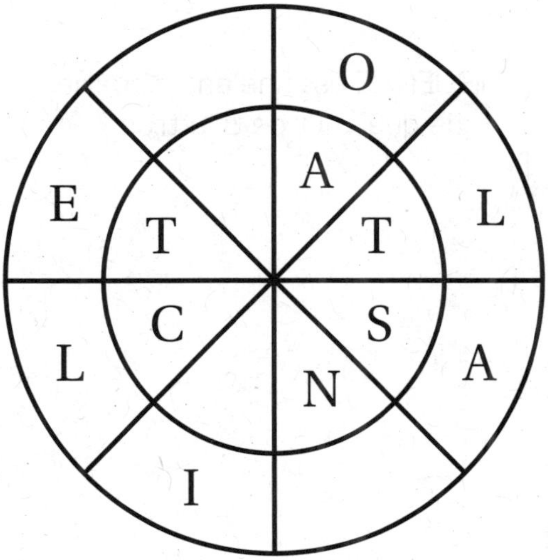

Test 177

Quel nombre doit logiquement
remplacer le point d'interrogation ?

14, 91, 62, 53, 64, ?

A. 78
B. 96
C. 98
D. 68
E. 44

Test 178

TIQUERAS est une anagramme
de quel mot de 8 lettres ?

Test 179

Lequel des mots ci-dessous
est l'antonyme d'OPTIMAL ?

MOROSE, MINIMAL, OBLIGATOIRE,
DISTANT ou PROCHE

Test 180

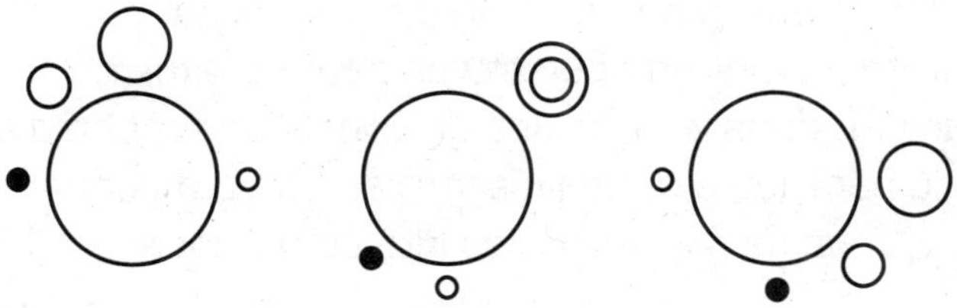

Quelle figure ci-dessous continue
la séquence ci-dessus ?

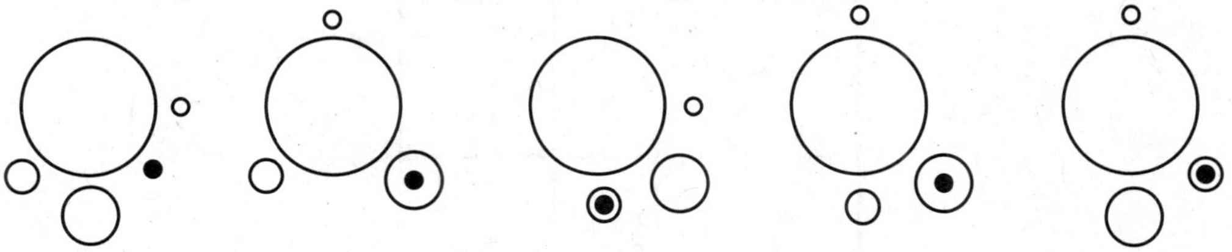

A B C D E

Test 181

SISMOLOGIE : TREMBLEMENTS DE TERRE

A. CARPOLOGIE : CARTES
B. DENDROLOGIE : VENT
C. OROGRAPHIE : MONTAGNES
D. DELTIOLOGIE : ROCHES
E. TOPOGRAPHIE : CAVES

Test 182

En commençant à l'un des carrés de coin,
quel mot de neuf lettres peut être formé
en tournant dans le sens des aiguilles d'une montre autour
du périmètre et en finissant au carré du centre.
(Vous devez fournir les lettres manquantes.)

B	M	
		R
S	E	G

Test 183

Quelle lettre doit logiquement
remplacer le point d'interrogation ?

A, D, F, I, K, ?

Test 184

Quels sont les deux mots qui se prononcent
de la même façon mais s'écrivent différemment,
et qui signifient FABRIQUER et MÉTAL ?

Test 185

Quel mot de quatre lettres signifie
à la fois OUTILS EN ACIER et ALIMENT ?

Test 186

Quel nombre doit logiquement
remplacer le point d'interrogation ?

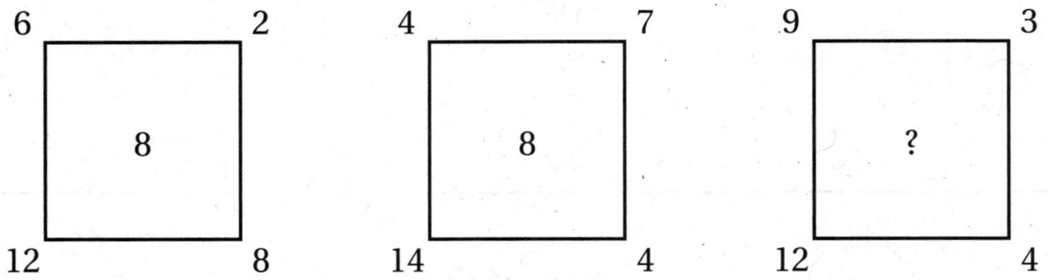

Test 187

Quel est l'intrus ?

TYPHON, FANES, OURAGAN,
MISTRAL, MOUSSON

Test 188

Quels sont les deux mots ci-dessous
dont le sens est opposé ?

LANCINATION, PENSIF, DIABOLIQUE,
SOUCIEUX, RÉPARATION

Test 189

Quelle anagramme n'est pas celle d'un légume ?

TAPETA, PORTION, ORIPEAU, ONAGRE, DEVINE

Test 190

Trois pièces sont lancées en l'air en même temps.
Quelles sont les chances pour qu'au moins deux d'entre elles tombent côté face en haut ?

Test 191

Que signifie le mot JENNY ?

DAIM, TIMBRE, MULE,
SUPPORT DE PONT ou HERMINE

Test 192

Quel mot de trois lettres peut suivre le premier mot et précéder le second pour former deux nouveaux mots ?

PAR, AGE

Test 193

Quel cercle doit logiquement
remplacer le point d'interrogation ?

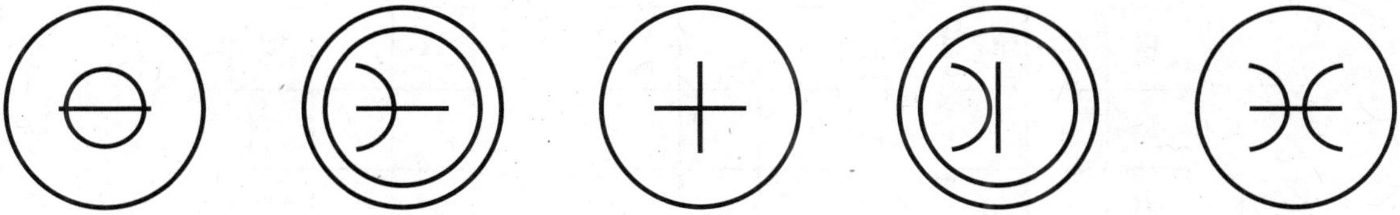

A B C D E

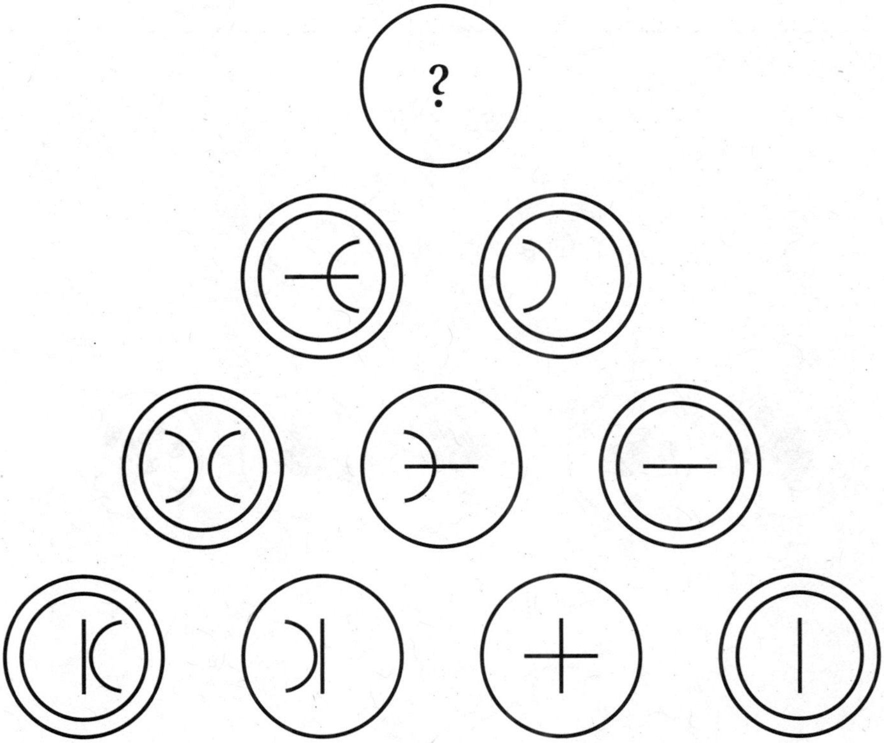

Test 194

Quel nombre doit logiquement
remplacer le point d'interrogation ?

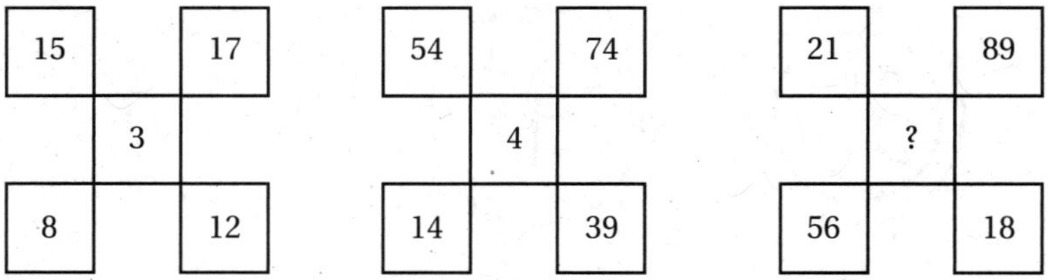

Test 195

Quel est l'intrus ?

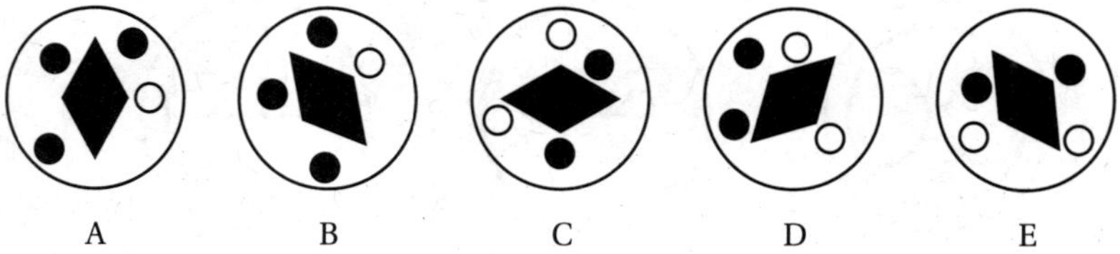

Test 196

Quels sont les deux mots
dont le sens est le plus près ?

SECONDAIRE, ENVAHISSANT, INAUGURAL,
INTRINSÈQUE, OSÉ, NATIF

Test 197

Quel est l'intrus ?

AVRIL, SEPTEMBRE,
NOVEMBRE, AOÛT, JUIN

Test 198

BÂBORD : BATEAU :: VERSO :

A. POÈME
B. VOITURE
C. TRONC
D. PORT
E. LIVRE

Test 199

Quel nombre doit logiquement remplacer le point d'interrogation ?

4	5	9	4	2
8	6	2	6	4
2	3	?	2	7
7	1	2	3	5
3	8	3	6	2

Test 200

Remplacez les blancs par un mot désignant une partie du corps humain pour créer un prénom féminin.

GER _ _ _ _ E

Test 201

Quelle figure ci-dessous continue la séquence ci-dessus ?

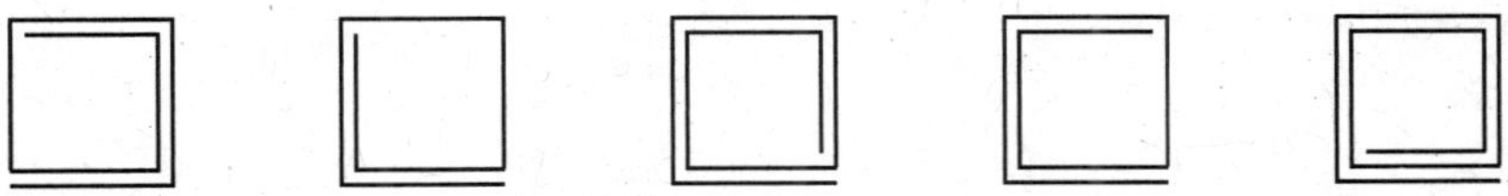

A B C D E

Test 202

MÉRITÉE est une anagramme de quel mot de sept lettres ?

Test 203

Un homme a quatre chaussettes dans son tiroir.
Chaque chaussette est soit noire, soit blanche.
Les chances que l'homme prenne une paire blanche au hasard sont de 0,5.
Quelles sont les chances qu'il prenne une paire noire ?

Test 204

Quelle anagramme n'est pas celle d'un bateau ?

ALLER AVEC, CABROUET, BRAQUE, MANIOC ou RÉCUSAIS

Test 205

Que signifie le mot AMADOUER ?

TRANSFORMER, CHANGER, APAISER,
ENJOINDRE ou SOLIDIFIER

Test 206

Quel mot de quatre lettres signifie
à la fois PARTIE DU CORPS et MESURE ?

Test 207

Que signifie le mot KOOKABURRA ?

MARTIN-PÊCHEUR, NATIF DE GUINÉE,
YOUYOU, CASCADE ou HUTTE

Test 208

Quel mot de trois lettres peut précéder
tous les mots suivants pour former de nouveaux mots ?

BAT, EAU, ON, TACHER

Test 209

Combinez deux des groupes de trois lettres
pour former un autre nom pour le Japon.

PON, EAS, PAM, NIP, ISL, JAN

Test 210

Remplissez les blancs pour former deux synonymes.
Les mots tournent autour du cercle, l'un se lisant dans le sens des aiguilles d'une montre et l'autre, dans le sens inverse.

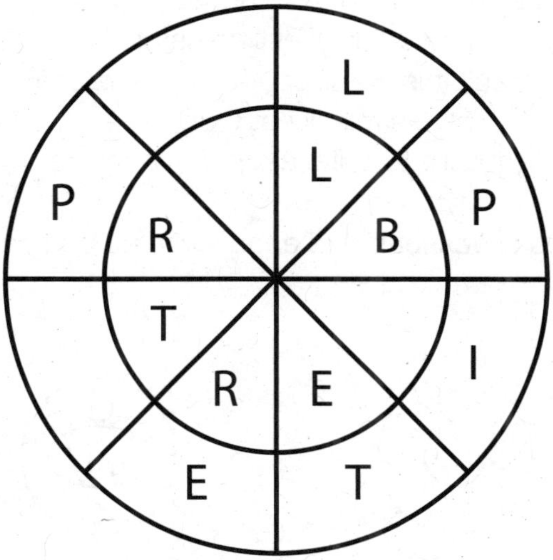

Test 211

Quel mot est le plus susceptible de se trouver dans la définition du dictionnaire au mot GALANTINE?

LARD, PÂTE, VINAIGRE, PAIN, VIANDE

Test 212

Tous les traits et symboles qui apparaissent dans les quatre cercles extérieurs sont transférés au cercle du centre selon les règles suivantes :

Si le trait ou symbole se trouve dans les cercles extérieurs…
une fois, il est transféré;
deux fois, il est peut-être transféré;
trois fois, il est transféré;
quatre fois, il n'est pas transféré.

Lequel des cercles ci-dessous doit apparaître au centre du diagramme ?

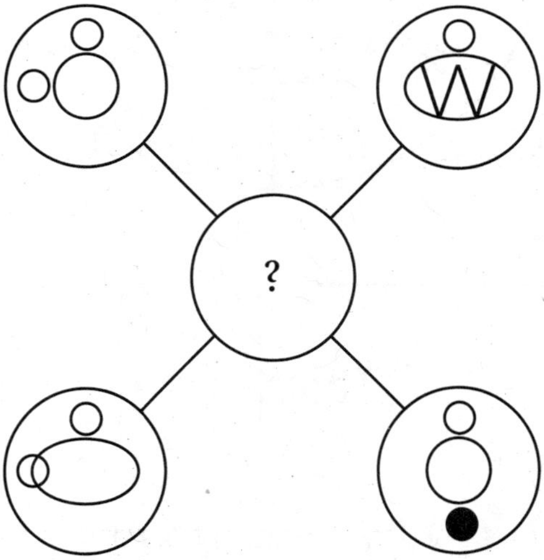

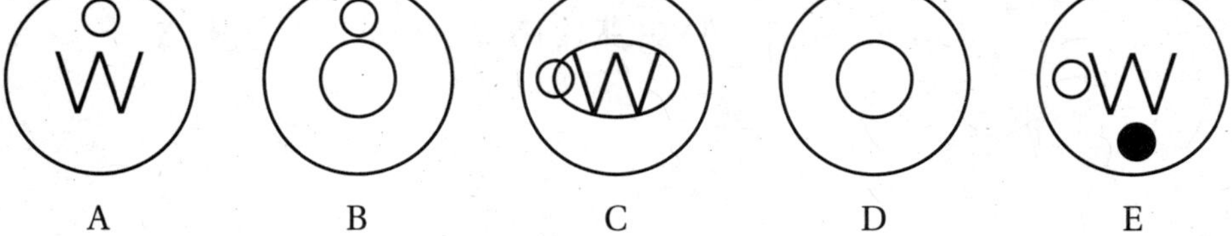

A B C D E

Test 213

Quels sont les quatre morceaux qui peuvent être joints pour former un carré parfait ?

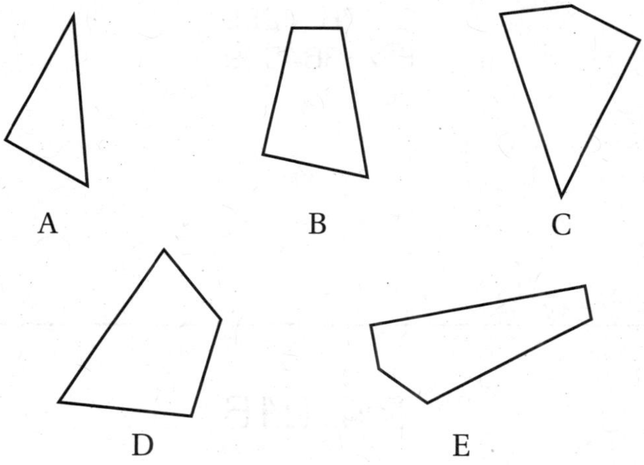

Test 214

ANGE GARDIEN est l'anagramme de quel mot de 11 lettres ?

Test 215

97318462 : 86719243 : 43967512 :

A. 13675942
B. 71364259
C. 71346295
D. 17634259
E. 71364529

Test 216

Lequel n'est pas l'anagramme d'un instrument de musique?

CONTRE, SNOBAS, ARGUTIE, ARTISAN ou OPINA

Test 217

Quels sont les deux mots ci-dessous
dont le sens est opposé ?

OBLIQUE, PLÉTHORE, GUÊPIER,
EMBARRAS, PÉNURIE, AIGRETTE

Test 218

Quel est l'intrus ?

A B C D E

Test 219

Quel nombre doit logiquement
remplacer le point d'interrogation ?

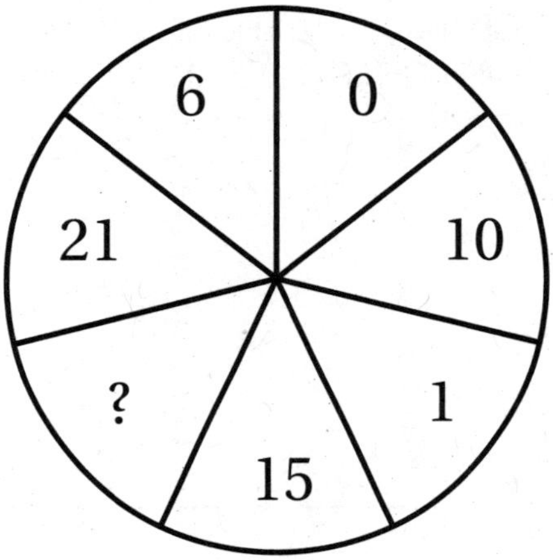

Test 220

Que signifie le mot SUPPLANTER ?

PLIABLE, FIXE, ÉVINCER,
AUGMENTER ou SOUTENIR

Test 221

Remplissez les blancs pour former deux synonymes.
Les mots tournent autour du cercle, l'un se lisant dans le sens des aiguilles d'une montre et l'autre, dans le sens inverse.

Test 222

Quel nombre doit logiquement remplacer le point d'interrogation ?

12, 33, 66, 132, 363, ?

Test 223

Quel est l'intrus ?

JAMBE, CUISSE, JARRET, BOULET, GIBUS

Test 224

Que signifie le mot RAID ?

RETRAITE, REBELLE, ESQUIVER,
PILLAGE ou AMPLIFIER

Test 225

Quel mot est le plus susceptible de se trouver dans la définition du dictionnaire au mot PONGÉ ?

GABARDINE, SOIE, TWEED, DENTELLE ou CUIR

Test 226

Quel mot de quatre lettres peut précéder tous les mots ci-dessous pour former de nouveaux mots ?

ON, URE, ELLE, LEUR, LÉ

Test 227

Quelle anagramme n'est pas celle
d'un moyen de transport ?

RIANT, NOVAI, VOLÉ, MANIOC ou RUCES

Test 228

Que signifie le mot CHICANE ?

SINUEUX, FANFARON, OPPORTUNISME,
SUPERCHERIE ou VISION

Test 229

Quel mot de six lettres signifie
à la fois EXPULSION et APPEL DE NOTE ?

Test 230

Tous les traits et symboles qui apparaissent dans
les quatre cercles extérieurs sont transférés au cercle
du centre selon les règles suivantes :

Si le trait ou symbole se trouve dans les cercles extérieurs…
une fois, il est transféré;
deux fois, il est peut-être transféré;
trois fois, il est transféré;
quatre fois, il n'est pas transféré.

Lequel des cercles ci-dessous doit apparaître au centre du diagramme ?

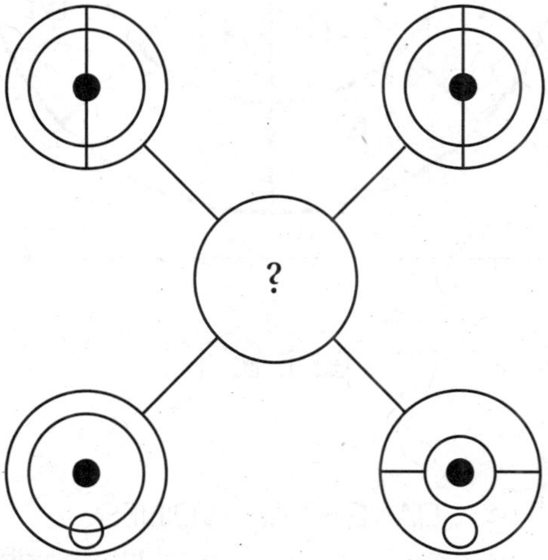

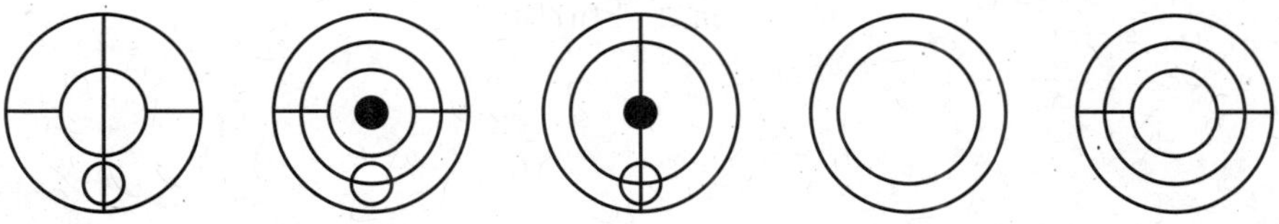

A B C D E

Test 231

Remplissez les blancs pour former deux synonymes.
Les mots tournent autour du cercle, l'un se lisant
dans le sens des aiguilles d'une montre et l'autre,
dans le sens inverse.

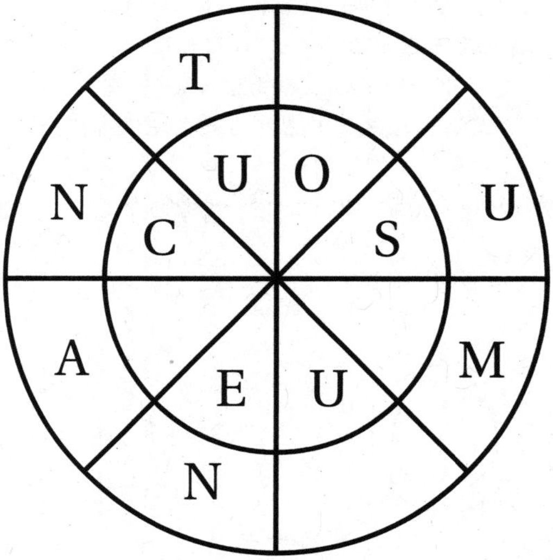

Test 232

DANGER AL AVOINÉS
est une anagramme de quel film célèbre?

Indice : Fugitif

Test 233

3 469 : 3 515 : 3 566

Quels nombres ont le même rapport
entre eux que ceux ci-dessus ?

A. 5 783 : 5 861 : 5 947
B. 7 842 : 7 914 : 8 361
C. 4 821 : 4 842 : 4 884
D. 9 814 : 9 899 : 9 967
E. 1 236 : 1 248 : 1 260

Test 234

Prendre, dans l'ordre, une lettre de chacun des synonymes de QUALIFIÉ donnés ci-dessous pour former un autre synonyme.

ENTRAÎNÉ, ASTUCIEUX, CAPABLE, DOUÉ,
CHEVRONNÉ, ADROIT, COMPÉTENT, CONVENABLE,
PERTINENT, SUFFISANT, QUALIFIÉ

Test 235

Quel mot de quatre lettres signifie à la fois BLOQUER et ÊTRE MALADE ?

Test 236

Quel est l'intrus ?

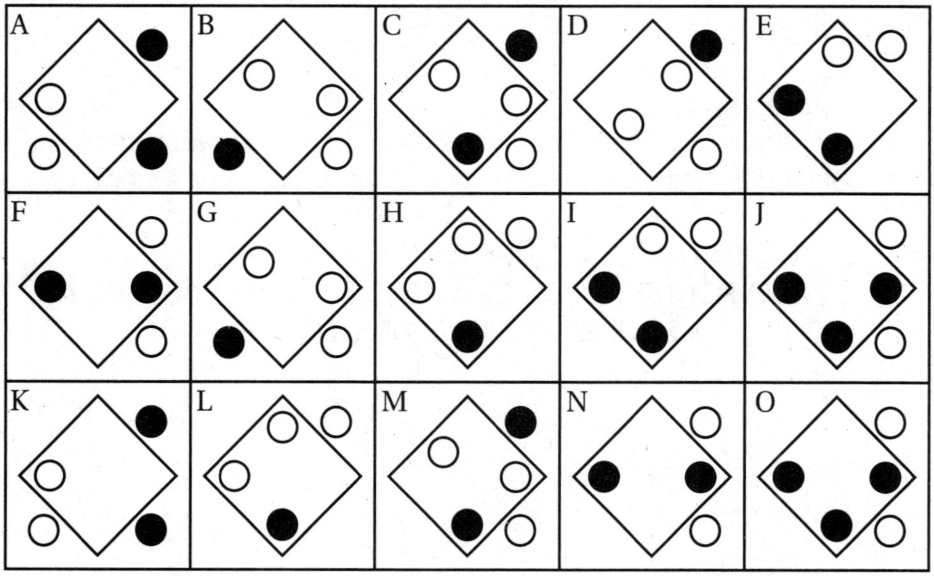

Test 237

Quel mot de quatre lettres peut suivre le premier mot
et précéder le second pour former deux nouveaux mots ?

CHÂTEAU, UNE

Test 238

Que signifie le mot LATENT ?

DIGNE, CACHÉ, RÉCEMMENT,
ENCADRER, ÉVIDENT

Test 239

Quel est l'intrus ?

ÉTHER, VIDE, CIEL, NÉOPHYTE, VOÛTE CÉLESTE

Test 240

Sur l'avenue Numérique, les maisons sont numérotées consécutivement en commençant à 1. Dans cette rue, seule une maison porte un numéro où la somme des chiffres est exactement deux fois le produit des chiffres. Quel est ce numéro et quel est le plus grand nombre de maisons qu'il peut y avoir sur l'avenue Numérique ?

Test 241

Quel pentagone doit logiquement remplacer le point d'interrogation ?

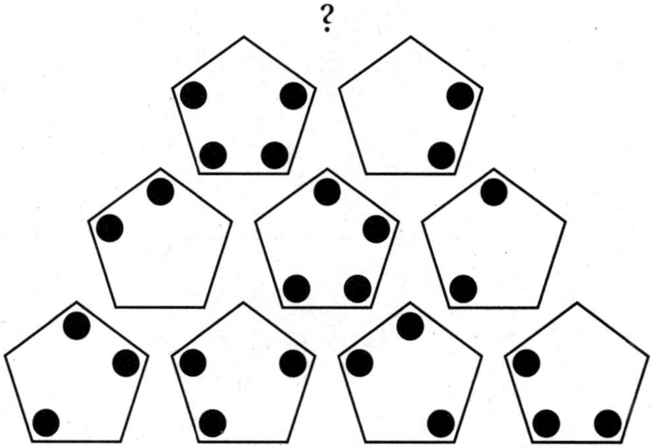

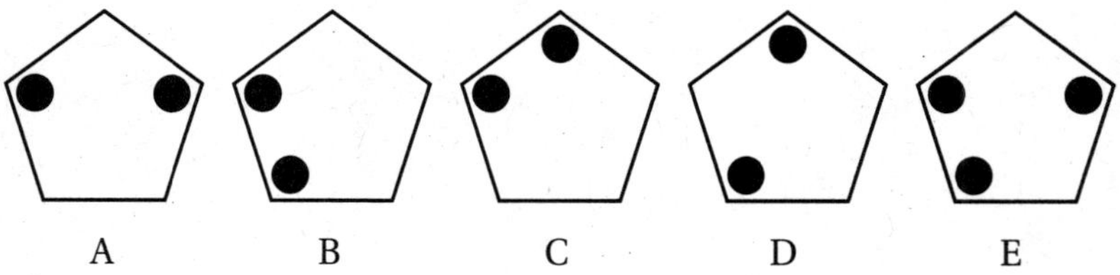

Test 242

Quel nombre doit logiquement remplacer le point d'interrogation ?

5	7	6	8
6	2	5	1
?	4	9	5
3	5	2	4

Test 243

Que signifie le mot PALEFROI ?

OISEAU, REPTILE, INSECTE, POISSON ou CHEVAL

Test 244

Quels sont les deux mots dont
le sens est le plus près ?

CRISTULÉE, CROISÉE, MORIBOND,
ÉLEVÉE, HUPPÉE, CRISTALLISÉE

Test 245

Quels sont les deux mots qui se prononcent
de la même façon mais s'écrivent différemment,
et qui signifient FERMÉ et ASSAISONNEMENT ?

Test 246

Quelle anagramme n'est pas celle d'un poisson ?

RAB, LINGUALE, HARGNE, AEONIUM ou AIRE

Test 247

Que signifie le mot CORDÉ ?

EN FORME DE CŒUR, EN FORME DE POIRE,
EN FORME DE CITRON, CYLINDRIQUE, DYNAMIQUE

Test 248

Combinez deux des groupes de trois lettres
pour former un mot signifiant BOUE.

OUE, MIR, SWA, MPE, ESE, GAD

Test 249

Quel mot de trois lettres peut précéder
tous les mots suivants pour former de nouveaux mots ?

FILS, COUP, FORT, PRÉ, TÉS

Test 250

Quel cercle doit logiquement
remplacer le point d'interrogation ?

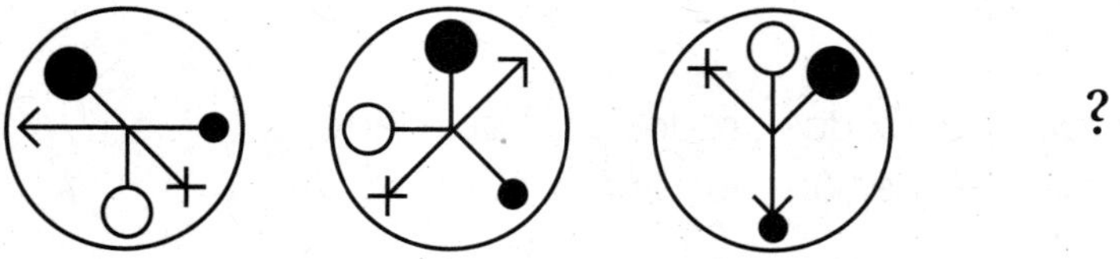

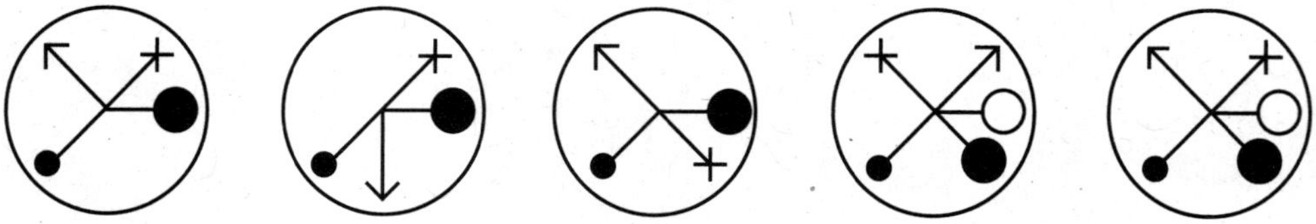

A B C D E

Test 251

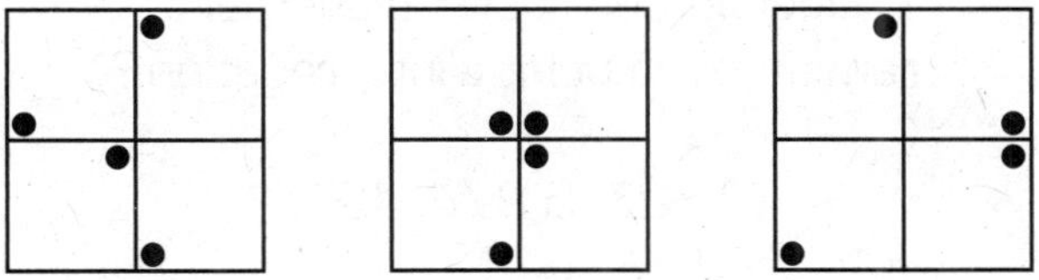

Quelle figure ci-dessous continue la séquence ci-dessus ?

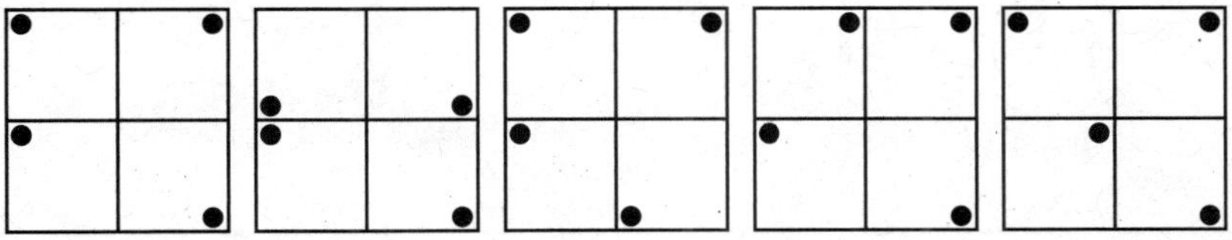

A B C D E

Test 252

Réarrangez les lettres de ces trois anagrammes pour trouver trois villes.

PAIRS, ANTHÈSE, MALIN

Test 253

Quel nombre doit logiquement remplacer le point d'interrogation ?

48 725, 5 274, 425, ?

Test 254

Lequel des mots ci-dessous est un antonyme de SUPERBE ?

HUMBLE, VIEUX, PITOYABLE, USÉ ou MESQUIN

Test 255

Quels sont les deux mots
dont le sens est le plus près ?

IMPIÉTÉ, SOIN, ABUS,
SAGESSE, GAIN, PENSÉE

Test 256

Quel nombre doit logiquement
remplacer le point d'interrogation ?

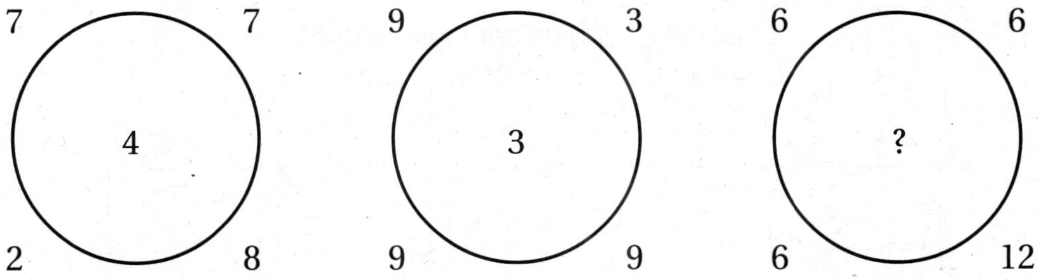

Test 257

Quel est l'intrus ?

DÉTAILLER, EXPOSER, ÉLARGIR,
IMPROVISER, S'ÉTENDRE

Test 258

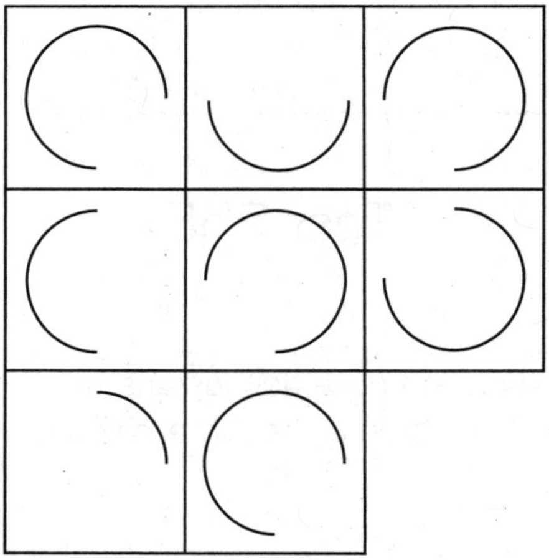

Quel carré appartient logiquement
à l'espace inférieur droit ci-dessus ?

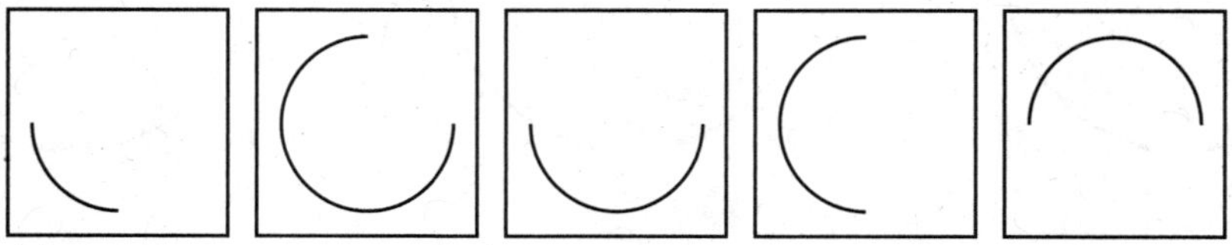

A B C D E

Test 259

Quelle est la probabilité de tirer un habillé (valet, reine ou roi) au hasard dans un jeu normal de 52 cartes ?

Test 260

FISCALISER est une anagramme de quel mot de 10 lettres ?

Test 261

Quel nombre doit logiquement remplacer le point d'interrogation ?

26, 34, 41, 46, 56, ?

Test 262

Que signifie le mot QUINNAT ?

COIFFE, CONCOMBRE, RENNE,
SAUMON ROYAL ou ARME

Test 263

Quel mot de trois lettres peut précéder
tous les mots ci-dessous pour former de nouveaux mots ?

CASSER, CAVE, TENU, CENTRER, CERNER

Test 264

Quel est l'intrus ?

FLEURON, LUCARNE,
FAÎTIÈRE, ORIEL, CROISÉE

Test 265

Quels sont les deux mots
dont le sens est le plus près ?

MENAÇANT, PROBLÉMATIQUE, PERNICIEUX,
NÉFASTE, RÉSIDUEL, FLEGMATIQUE

Test 266

Remplissez les blancs pour former deux synonymes.
Les mots tournent autour du cercle, l'un se lisant
dans le sens des aiguilles d'une montre et l'autre, dans le sens inverse.

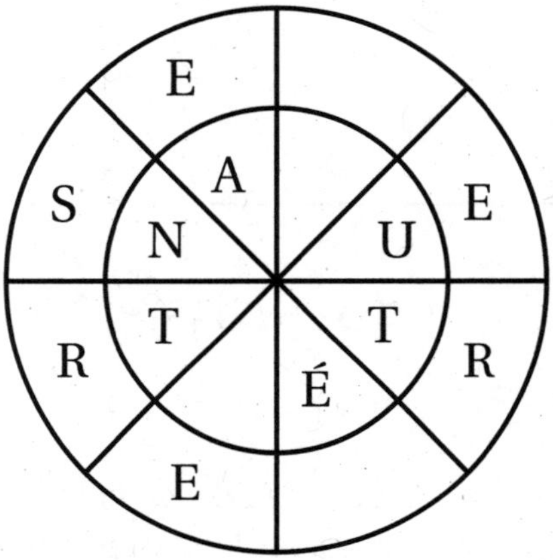

Test 267

Quelle anagramme n'est pas celle d'un animal ?

ONCLES, ROUMAINS, DÉPLORA, RENDRA ou FIGERA

Test 268

Quel mot de six lettres signifie
à la fois PROCHE et CONFIDENTIEL ?

Test 269

Que signifie le mot HYPERBOLE ?

POÉTIQUE, ANGÉLIQUE, ABSURDE,
EXAGÉRATION, IMAGINATION

Test 270

Quel est l'intrus ?

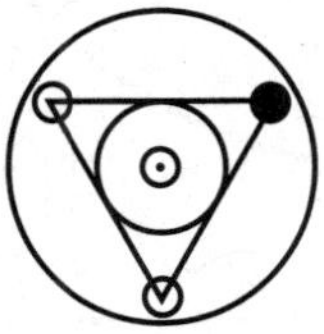

A

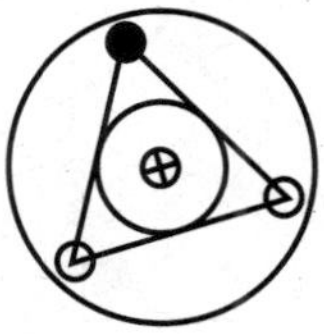

B

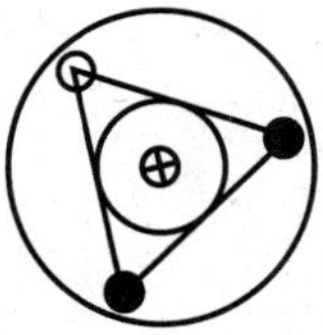

C

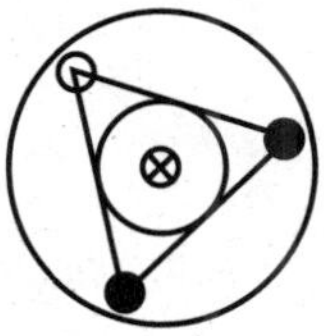

D

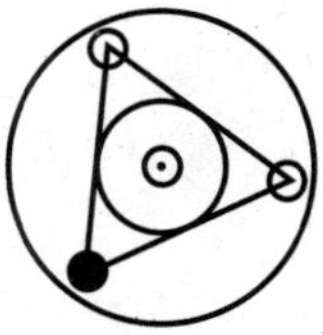

E

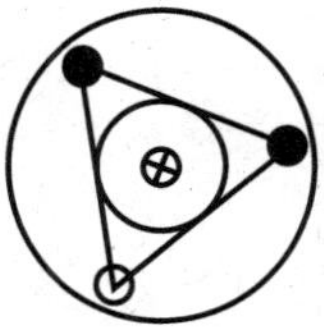

F

G

Test 271

Remplissez les blancs pour former deux antonymes.
Les mots tournent autour du cercle, l'un se lisant dans
le sens des aiguilles d'une montre et l'autre, dans le sens inverse.

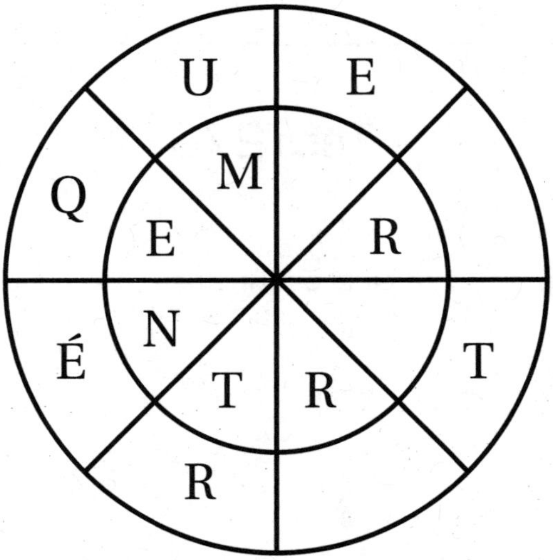

Test 272

TAILLEURS est une anagramme
de quel mot de neuf lettres?

Test 273

Quel nombre doit logiquement remplacer le point d'interrogation ?

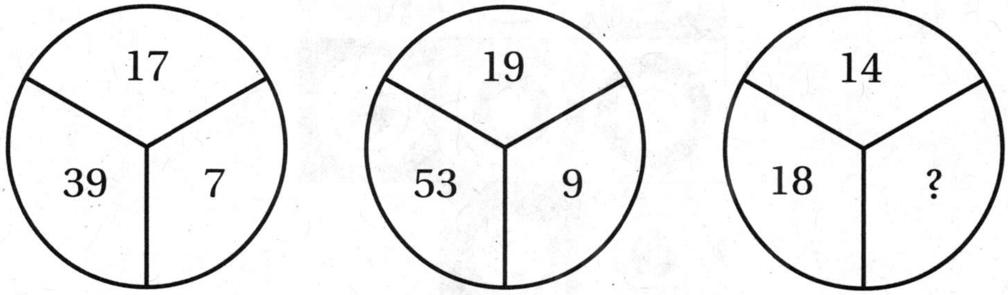

Test 274

Quel est le mot qui signifie TUYAU, puis ATTITUDE si on lui ajoute une lettre ?

Test 275

Quel est l'intrus ?

TANGENTE, DIAMÈTRE, CORDE, HYPOTÉNUSE, SÉCANTE

Test 276

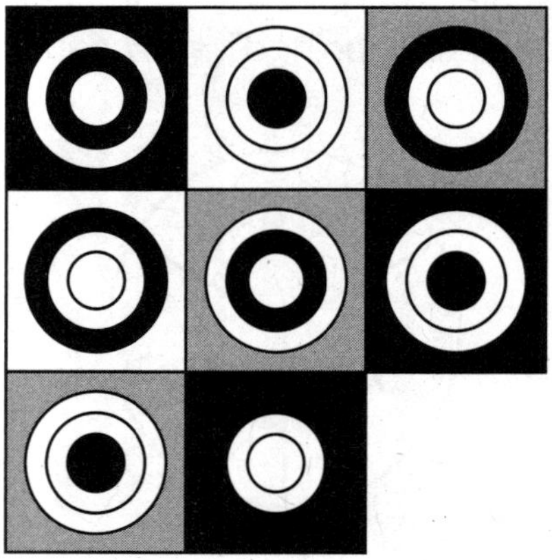

Quel carré appartient logiquement
à l'espace inférieur droit ci-dessus ?

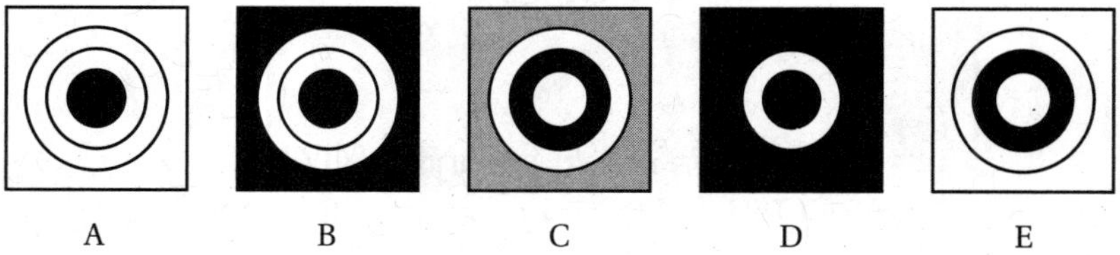

Test 277

Si le point noir se déplace de deux coins dans le sens inverse des aiguilles d'une montre à chaque étape, et que le point blanc se déplace de trois coins dans le sens des aiguilles d'une montre à chaque étape, dans combien d'étapes se trouveront-ils dans le même coin ?

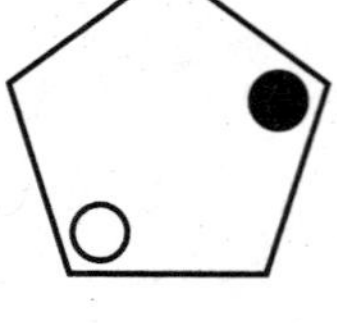

Test 278

Quels sont les deux mots dont
le sens est le plus près ?
LIAISON, ÉGIDE, AVIS, ESPOIR,
AFFECTION, PARRAINAGE

Test 279

Si vous écrivez mon âge puis mon âge quand j'avais
un an de moins, vous obtenez un nombre à quatre chiffres.
La racine carrée de ce nombre vous donne
le numéro de ma maison. Quel est-il ?

Test 280

Commencez par n'importe quelle lettre et
déplacez-vous de carré en carré horizontalement
ou verticalement, mais pas diagonalement,
pour épeler un mot de 12 lettres.
Vous devez fournir les lettres manquantes.

	T	I
E	R	T
O	N	S
	E	R

Test 281

Remplissez les blancs pour former deux synonymes.
Les mots tournent autour du cercle, l'un se lisant dans le sens des aiguilles d'une montre et l'autre, dans le sens inverse.

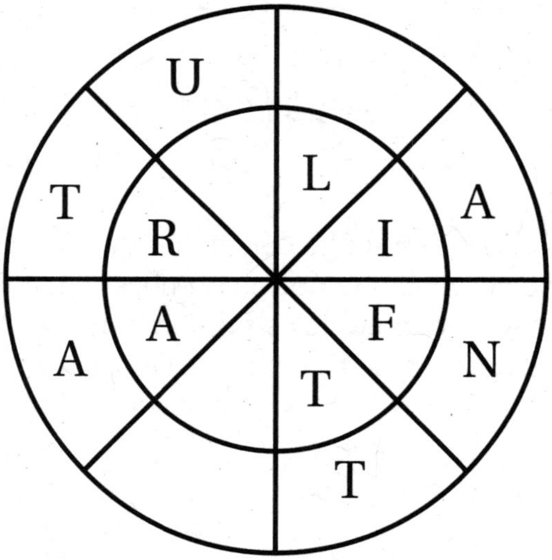

Test 282

Quel mot de quatre lettres peut précéder tous les mots ci-dessous pour former des nouveaux mots ?

BOIRE, FENDRE, PARLER, LÉCHER, SUITE

Test 283

Combinez deux des groupes de trois lettres
pour former le nom d'un ouvrage.

MOR, CAR, UEL, PIC, TON, MAN

Test 284

Quel nombre doit logiquement
remplacer le point d'interrogation ?

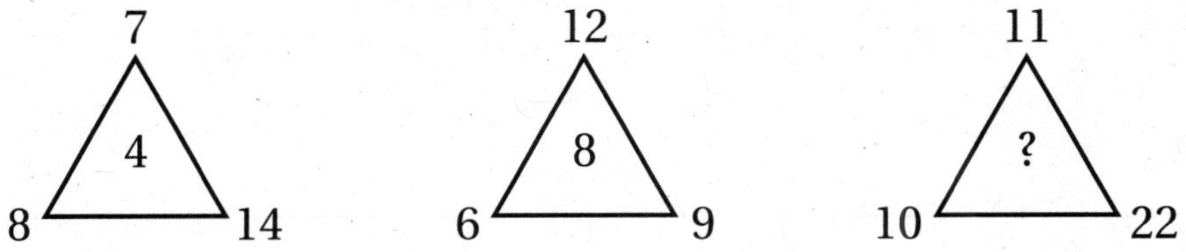

Test 285

Quel mot est le plus susceptible de se trouver
dans la définition du dictionnaire au mot BOUILLABAISSE ?

PAIN, CITRON, MOUTARDE, POISSON ou RIZ

Test 286

Lequel n'est pas une anagramme d'un oiseau ?

PINONS, AEONIUM, POILANTE, AGILE ou GIVRE

Test 287

Que signifie le mot anglais CHINCH ?

PUNAISE DES LITS, ARCADE SOURCILIÈRE, CÉRÉMONIE, BARBICHE ou PETITE MESURE

Test 288

Quel mot de huit lettres évoque
à la fois la MUSIQUE et un ARBRE?

Test 289

Quel nombre doit logiquement
remplacer le point d'interrogation ?

7, 11, 20, ?, 61, 97

Test 290

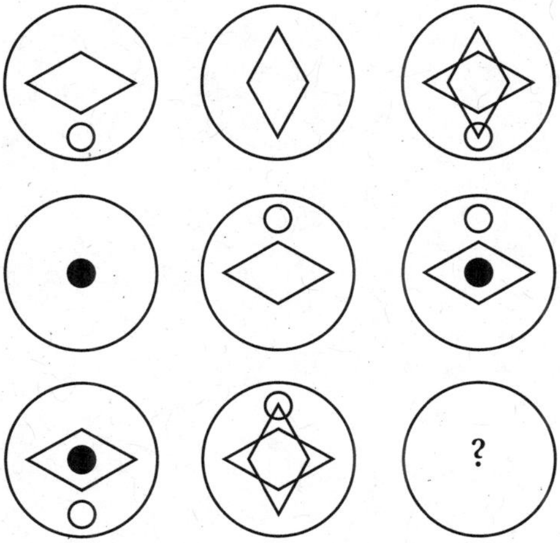

Quel cercle doit logiquement
remplacer le point d'interrogation ?

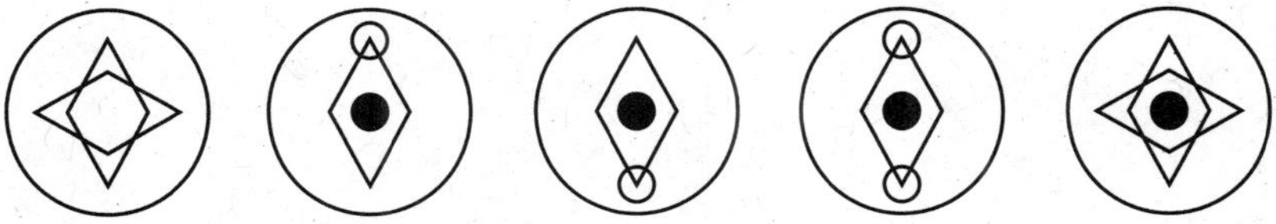

A B C D E

ÉNIGMES

Énigme 1

Lire dans le sens des aiguilles d'une montre
pour découvrir ce mot de douze lettres. Une lettre
sur deux apparaît ici et il faut trouver le point de départ.

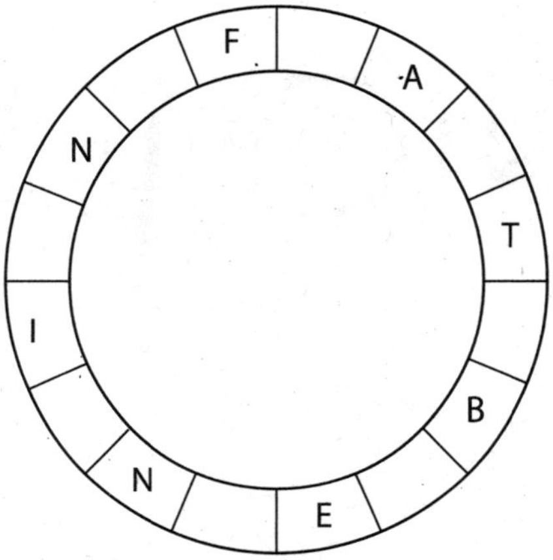

Énigme 2

Quel nombre doit logiquement
remplacer le point d'interrogation ?

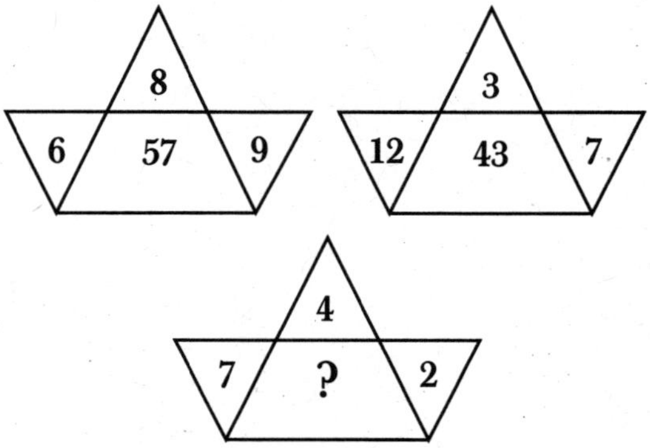

Énigme 3

Trois jeux de lettres ci-dessous peuvent être arrangés en des mots de cinq lettres. Quels sont-ils ?

BYRDI	TONET	NRCOL
PUITN	HUTME	LEBIT
TINOL	RUGNE	BEHAD

Énigme 4

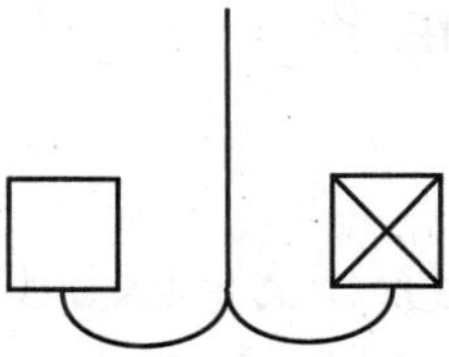

est à

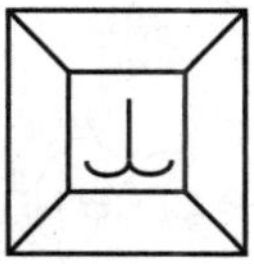

ce que

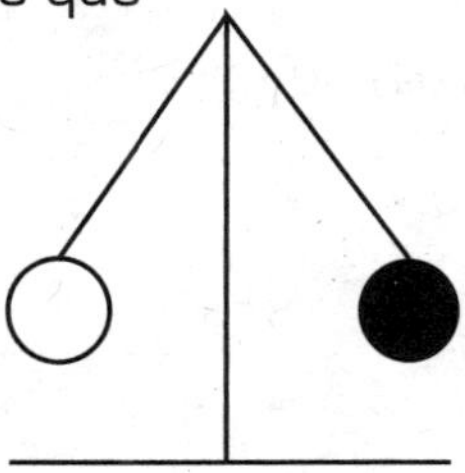

est à

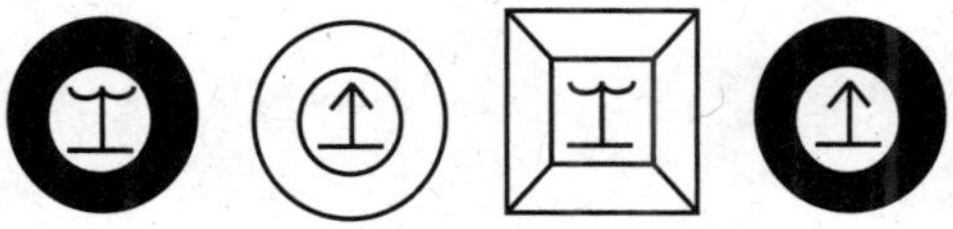

A B C D

Énigme 5

Parmi ces nombres, lequel est l'intrus ?

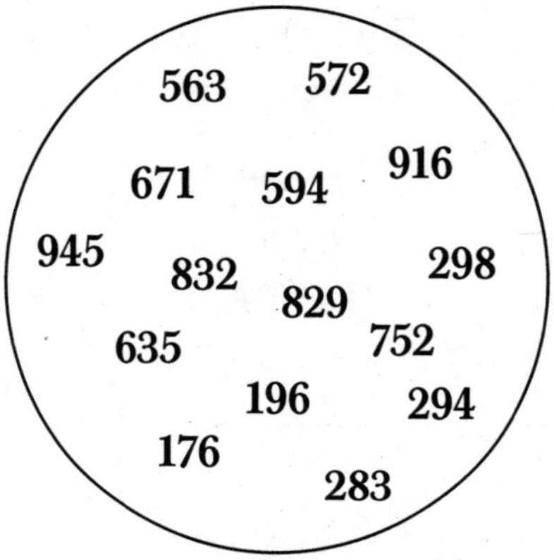

Énigme 6

Je crée un son heureux tout le long de
mon trajet jusqu'à un endroit où faire un dépôt.

Que suis-je en train de faire ?

Énigme 7

Quel mot a le sens le plus près du mot infliger ?

TRANSPORTER, ADJOINDRE, COORDONNER, ATTRIBUER, PARODIER

Énigme 8

Quel est le nombre suivant dans la séquence ?

483, 759, 264, 837, ?

Énigme 9

Quel symbole doit remplacer
le point d'interrogation ?

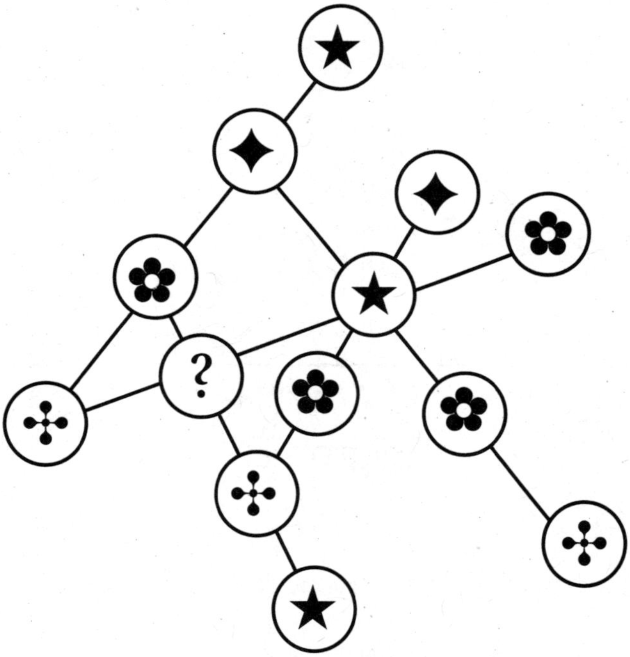

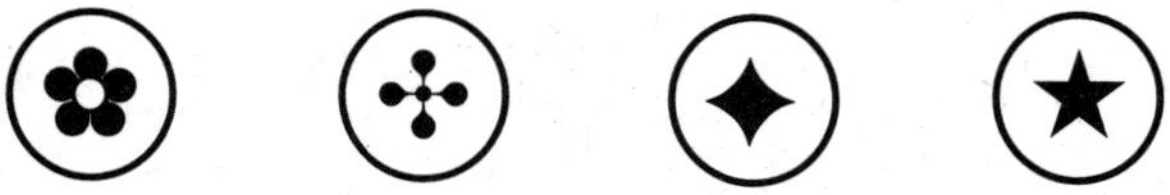

A B C D

Énigme 10

Une lettre de chaque mot d'un dicton
célèbre a été enlevée. Quel est ce dicton ?
PENDRE E TAREAU PA ES CONES

Énigme 11

Quel doit être le chiffre indiqué par
l'aiguille manquante de l'horloge ?

1

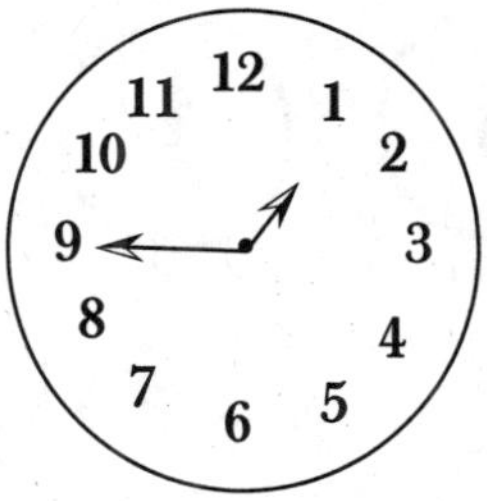

2

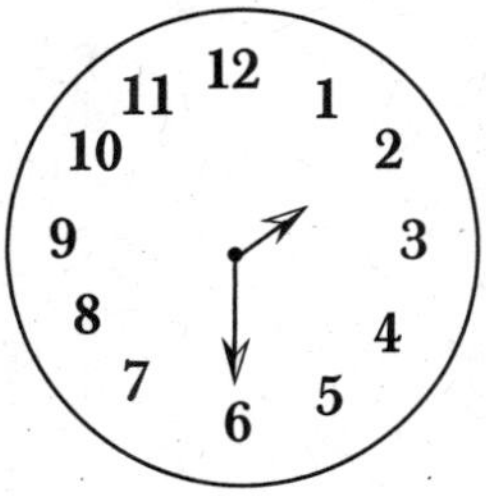

3

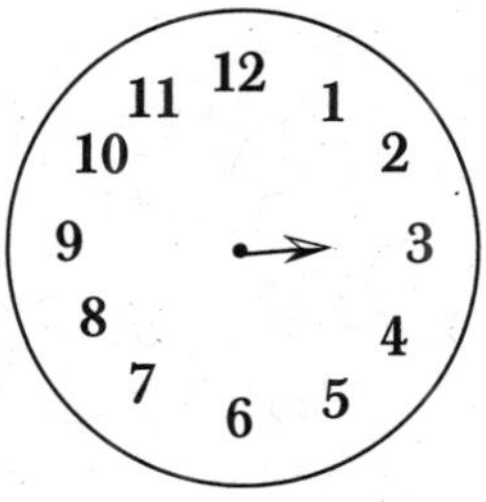

4

Énigme 12

Quel chiffre doit apparaître dans
le cercle doté d'un point d'interrogation ?

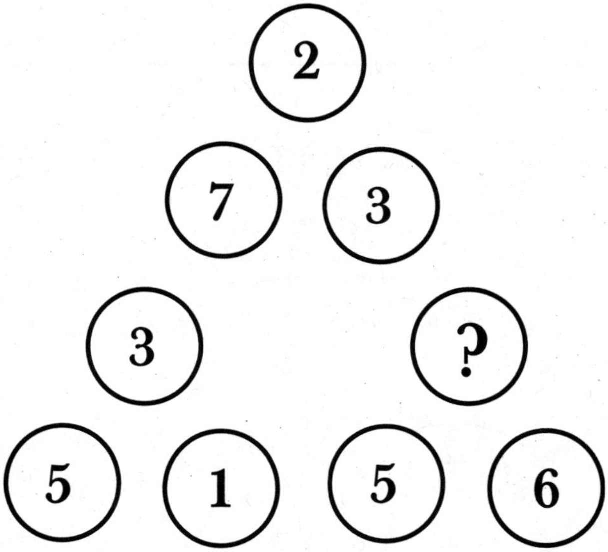

Énigme 13

Quel visage doit remplacer
le point d'interrogation ?

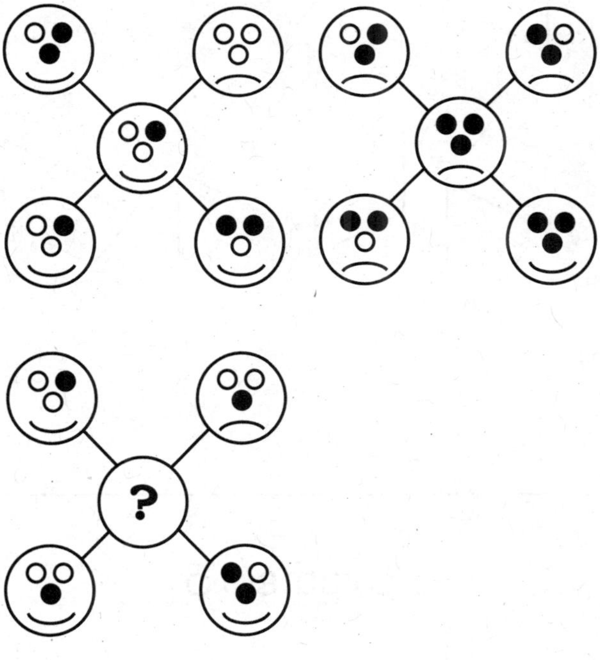

A B C D E

Énigme 14

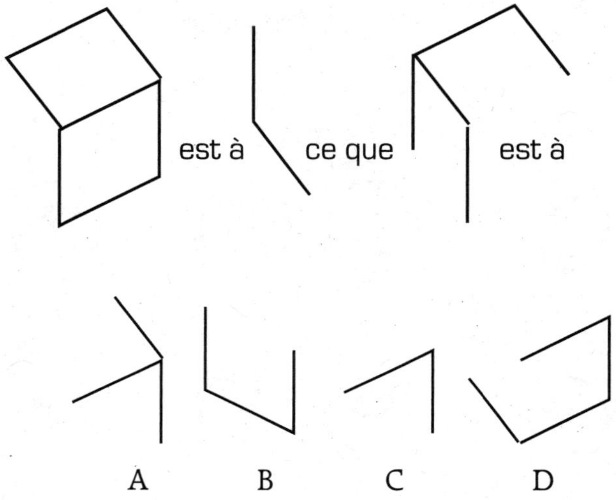

Énigme 15

EUPHORIE est à BONHEUR
ce que MÉLANCOLIE est à :

A. PAILLARD
B. GROSSIER
C. DÉSESPOIR
D. INVALIDER
E. GRIVOIS

Énigme 16

Quel pentagone continue la série ?

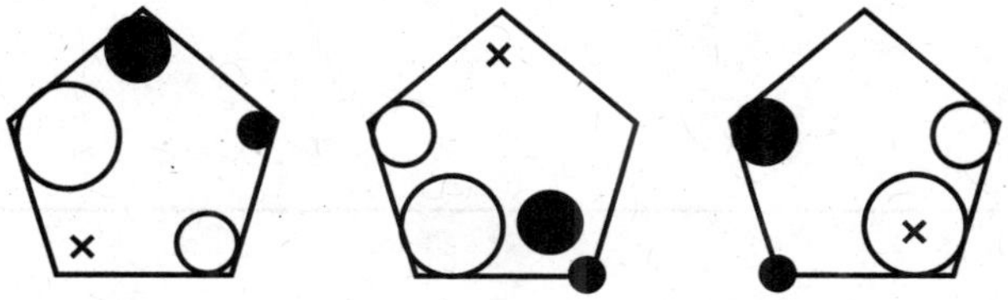

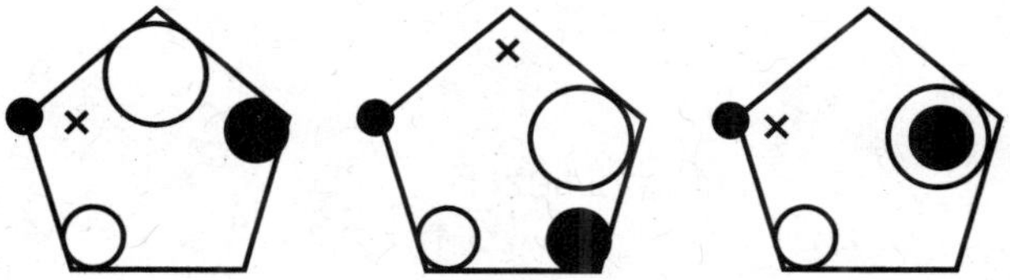

A B C

Énigme 17

Placez deux des groupes de quatre lettres ensemble pour créer un mot.

RIEL, SYCO, TUTO, PANT, PLAT

Énigme 18

Quelle est l'anagramme de REMERCIE ?

Énigme 19

Simplifiez $\frac{5}{11} \div \frac{25}{22}$

Énigme 20

Tracez un mot de dix lettres dans n'importe quelle direction, en utilisant chaque lettre une seule fois.

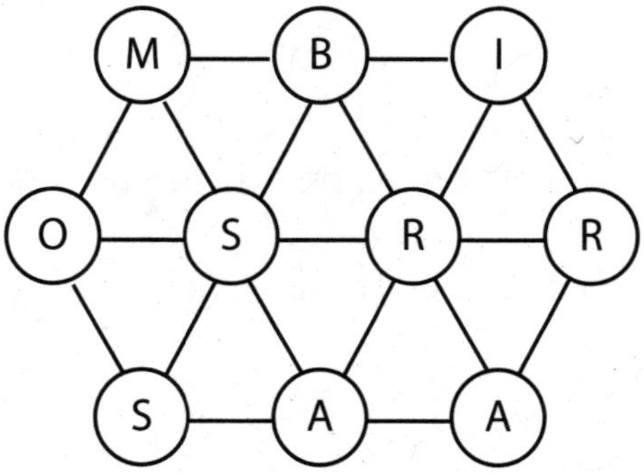

Énigme 21

Simplifiez $\frac{725}{1\,000}$ en une fraction.

Énigme 22

Quel mot signifie la peur des SOURIS ?

A. ANÉMOPHOBIE
B. MUSOPHOBIE
C. BAROPHOBIE
D. POTOPHOBIE
E. OCHTOPHOBIE

Énigme 23

Que signifie le mot PRANDIAL ?

A. PAUSE CAFÉ
B. HEURE DU THÉ
C. DÎNER
D. LUNCH
E. COLLATION

Énigme 24

Si 4 x 4 = 20, alors 5 x 6 = ?

Énigme 25

Quelles lettres de quel cercle ne peuvent
pas être réarrangées en un mot de six lettres ?

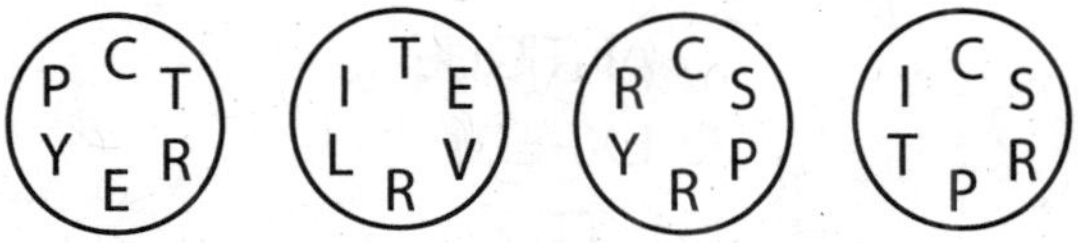

A B C D

Énigme 26

Quel nombre doit remplacer
le point d'interrogation ?

6	8	17	21
13	1	9	10
3	15	4	?
4	6	4	5

Énigme 27

Quel est l'opposé de NÉOPHYTE ?

A. TERRESTRE
B. NOVICE
C. ANTIQUE
D. EXPERT
E. ÉTOILÉ

Énigme 28

Quel nombre doit remplacer
le point d'interrogation ?

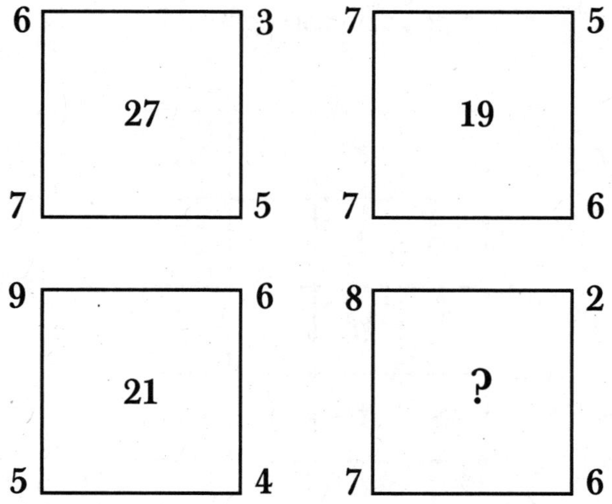

Énigme 29

Quel animal est l'intrus parmi les autres ?

A. CHAMOIS
B. TIERCELET
C. IMPALA
D. FENNEC
E. GERBILLE
F. GERBOISE

Énigme 30

Quel est le signe mathématique pour « identique » ?

A. [ ]
B. >
C. ≡
D. /
E. <

Énigme 31

Complétez le mot.

_ _ TAN _ _

Énigme 32

Quel nombre doit remplacer
le point d'interrogation ?

2	9	7
10	?	12
8	13	5

Énigme 33

L'indice suivant mène à quelle paire de mots ?

CAMBRIOLAGE ADROIT

Énigme 34

Ajoutez une lettre, pas nécessairement la même,
à chaque mot pour trouver sept mots qui
ont quelque chose en commun.

VINDE, RAGOT, TARELETTE, SAGO, HAICOT, FAN, IZ

Énigme 35

Quel jour est deux jours avant le jour après le jour
qui est trois jours après le jour avant jeudi ?

DIMANCHE
LUNDI
MARDI
MERCREDI
JEUDI
VENDREDI
SAMEDI

Énigme 36

Quel est le dessin numéroté intrus ?

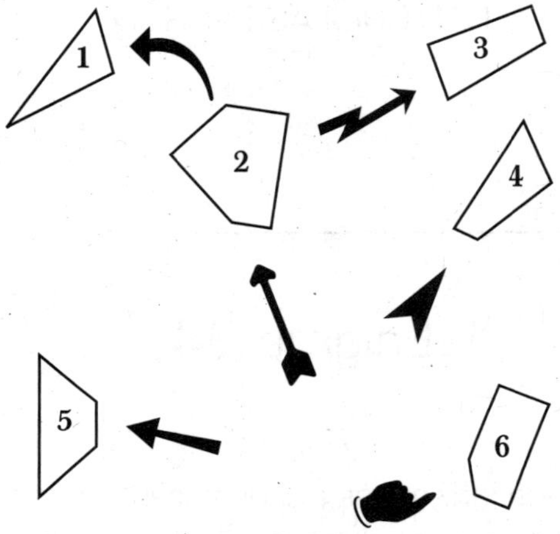

Énigme 37

Une crêpe peut être coupée en quatre morceaux
de n'importe quelle façon, en faisant deux coupes.
Voir l'exemple de gauche, ci-dessous.

Quel nombre maximum de morceaux
peut-on obtenir en faisant trois coupes ?

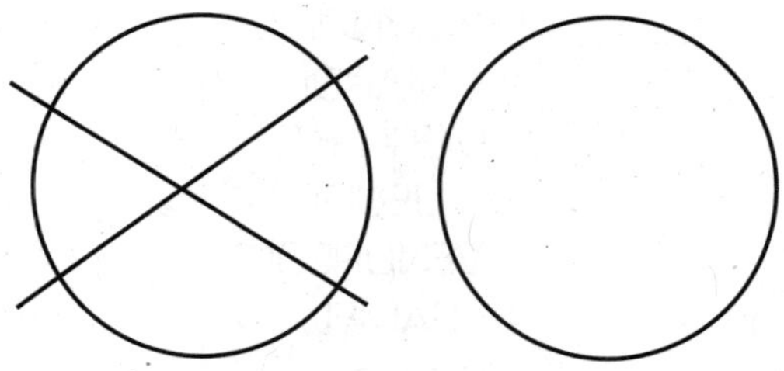

Énigme 38

Quel proverbe célèbre est opposé en sens au proverbe « Il ne faut pas s'amuser avec les fous » ?

Énigme 39

Combien y a-t-il de traits ci-dessous ?

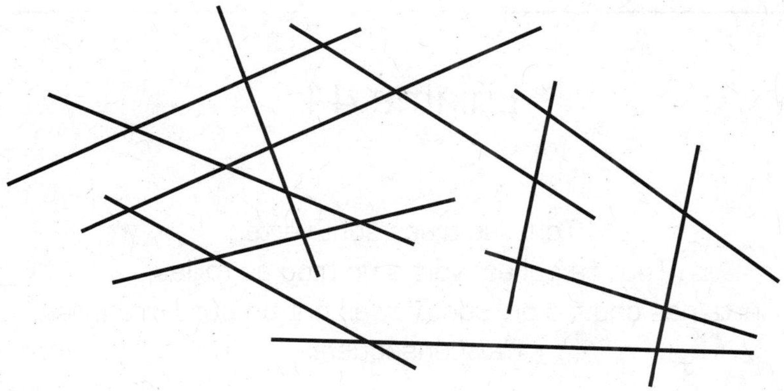

Énigme 40

Quel nombre doit remplacer
le point d'interrogation ?

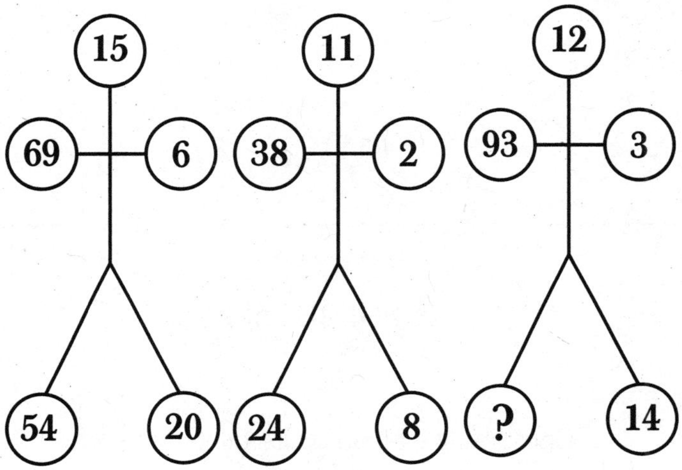

Énigme 41

Tous les trucs sont verts.
Tout ce qui est vert a un trou au milieu.
Certaines choses qui sont vertes ont un bord irrégulier.
Par conséquent :

1. Tous les trucs ont un trou au milieu.
2. Tout ce qui a un bord déchiqueté est un truc.
3. Aucune des deux assertions ci-dessus n'est vraie.
4. Les deux assertions ci-dessus sont vraies.

Énigme 42

Quel nombre doit remplacer
le point d'interrogation ?

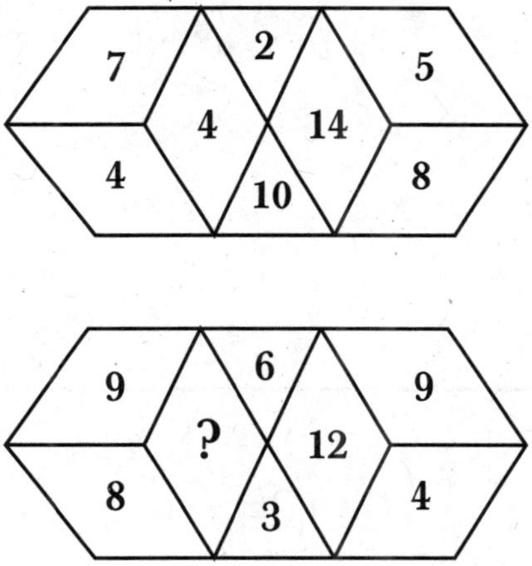

Énigme 43

Déchiffrez ces anagrammes pour déterminer ce que
les quatre mots correspondants ont en commun.

LISERA, TROU, AIMONS, BRIA

Énigme 44

Quel est l'intrus ?

A B C D

Énigme 45

Quel nombre doit remplacer le point d'interrogation ?

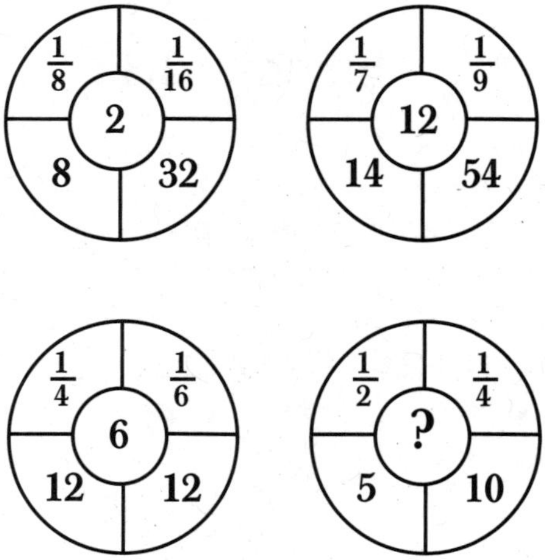

Énigme 46

Réarrangez les lettres des deux mots ci-dessous pour former un seul mot signifiant « personne qui commerce avec les tribus ».

MOOCH CANER

Énigme 47

Quel mot a le même sens que VIBRATO ?

A. CHATOYANT
B. EXCITANT
C. BATTANT
D. DOUCEMENT
E. STATIONNAIRE

Énigme 48

Insérez les lettres des mots PURE ET TAPE ÉCU dans les espaces vides ci-dessous, en utilisant chaque lettre une seule fois, pour compléter un palindrome (groupe de mots qui se lit dans les deux sens).
Par exemple : Le sac à sel.

_ L _ _ A _ C _ _ _ _ _ R _ _ _ L _

Indice : Élection

Énigme 49

« La possibilité d'être exposé aux conséquences adverses des événements futurs. »

Quel mot représente le mieux la définition ci-dessus ?

A. SPÉCULATION
B. DANGER
C. RISQUE
D. SOUCI
E. HALLUCINATION

Énigme 50

Quel nombre continue cette séquence ?

8 960, 6 720, 3 360, 840, 630, ?

Énigme 51

Quel nombre doit remplacer
le point d'interrogation ?

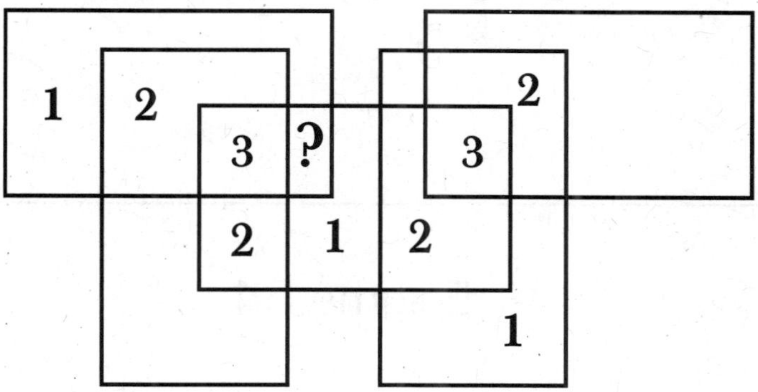

Énigme 52

Quels sont les deux mots
dont le sens est le plus près ?

AUTHENTIQUE, PERTINENT, ÉTRANGER,
GENTIL, PRODIGIEUX, APPARENTÉ

Énigme 53

Placez trois des groupes de deux lettres ensemble pour former le nom d'un fruit.

OR – LI – AN – HI – GO – TC

Énigme 54

Quel est le carré manquant ?

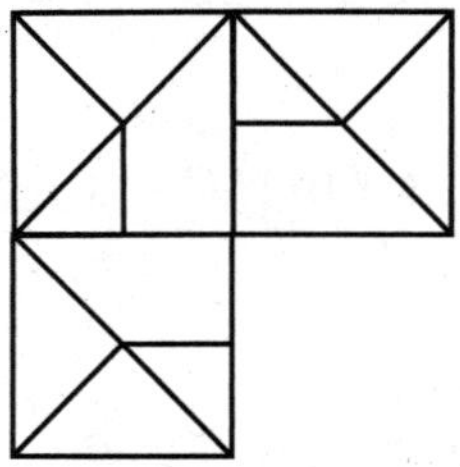

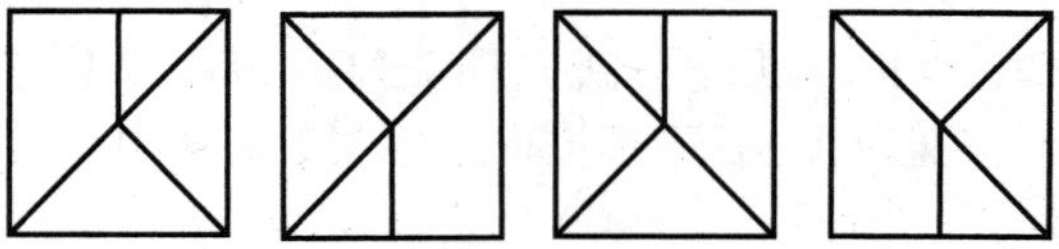

A B C D

Énigme 55

Quel groupe de trois lettres doit-on placer devant
les mots ci-dessous pour en former de nouveaux ?

	CARTE
	DORE
_ _ _	SE
	TALON
	SU

Énigme 56

Les prix du menu dépendent
d'un système précis.

Quel serait le prix des huîtres ?

MENU

SOUPE	22 $
SALADE	27 $
ROSBIF	28 $
GLACE	23 $
CAFÉ	18 $

Énigme 57

Quel nombre doit remplacer
le point d'interrogation ?

Énigme 58

Si les lettres manquantes dans le cercle ci-dessous
sont correctement insérées, elles formeront un mot de
huit lettres. Le mot n'aura pas besoin d'être lu dans le sens
des aiguilles d'une montre, mais les lettres doivent être consécutives.
Quel est le mot et quelles sont les lettres manquantes ?

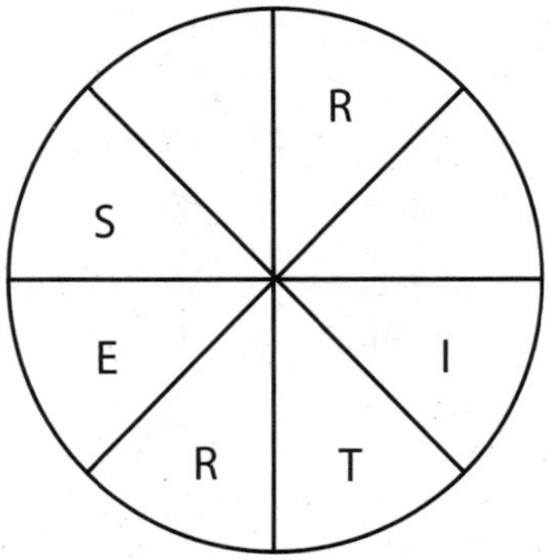

Énigme 59

Quelle est la surface de cette balle de tennis ?

A. 11,377 m^2 (17,635 po^2)
B. 12,023 m^2 (18,635 po^2)
C. 12,688 m^2 (19,635 po^2)
D. 13,313 m^2 (20,635 po^2)
E. 13,958 m^2 (21,635 po^2)

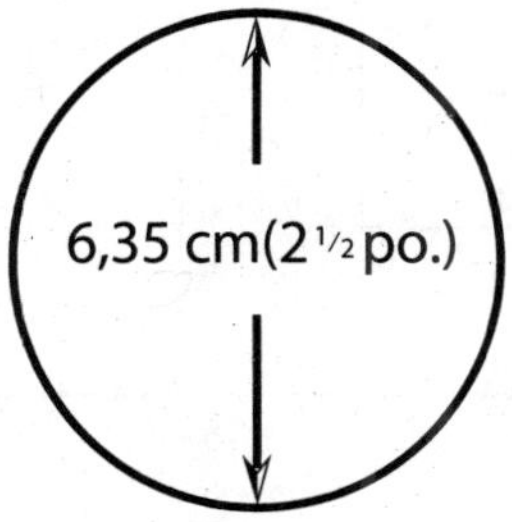

Énigme 60

Quel est le mot toujours
associé avec LIGAMENT ?

A. COCHONS
B. BACON
C. RAQUETTES DE TENNIS
D. DÎNER
E. TENDON

Énigme 61

Quel nombre doit remplacer
le point d'interrogation ?

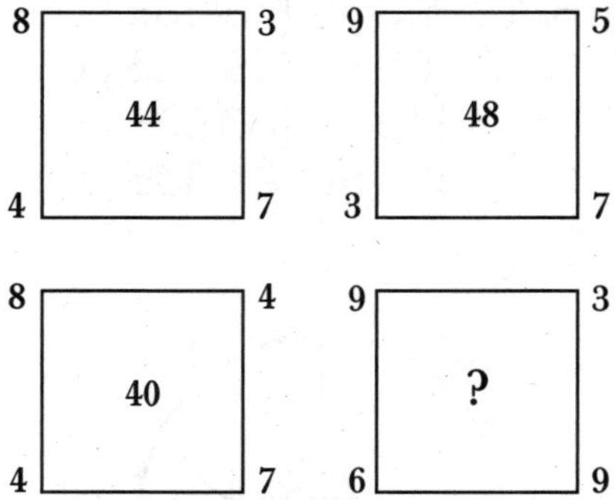

Énigme 62

Quel nombre doit remplacer
le point d'interrogation ?

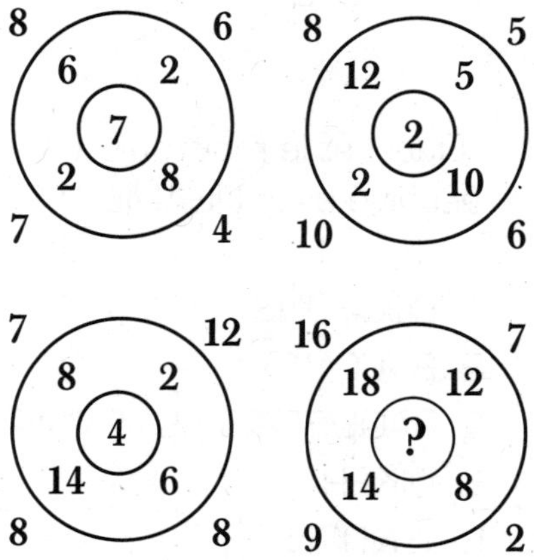

Énigme 63

Les consonnes de cette citation ont été omises.
Pouvez-vous les remplacer ?

E ŒU A E AIO UE A AION E O AÎ OI.

Énigme 64

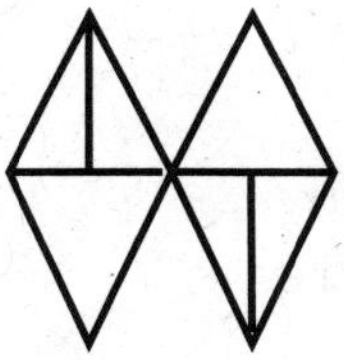

est à

ce que

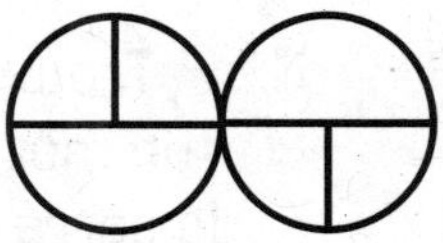

est à :

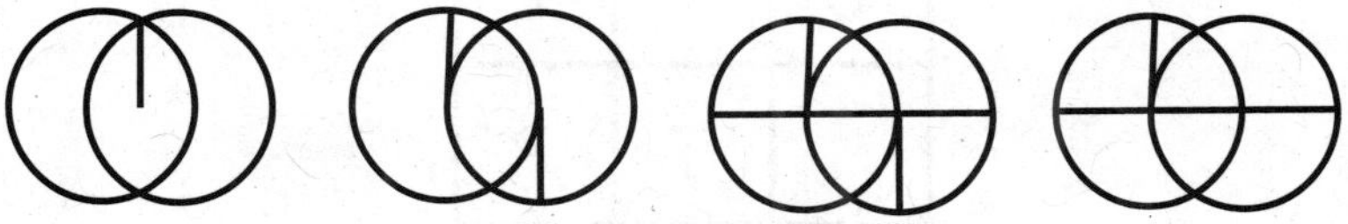

A B C D

Énigme 65

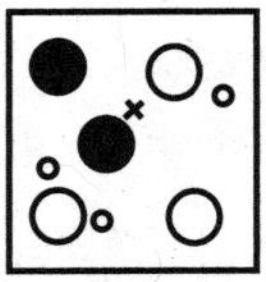

Quel carré ci-dessous ressemble
le plus à celui ci-dessus ?

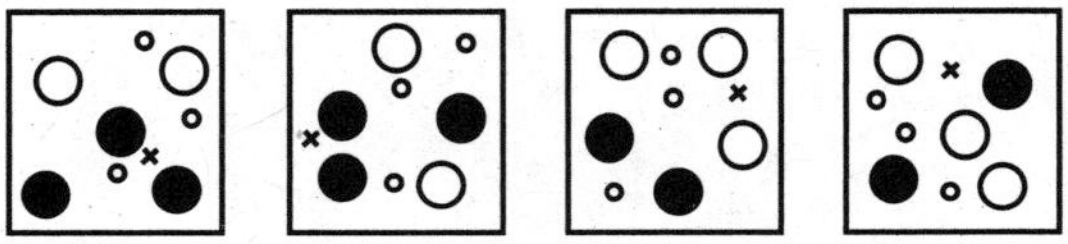

A B C D

Énigme 66

Trouvez les lettres manquantes pour créer
un mot de neuf lettres commençant à un coin
du carré et continuant en spirale jusqu'au centre.

U		É
	T	R
É	N	A

Énigme 67

Placez deux des groupes de quatre lettres ensemble pour former un mot.

AGES, ROED, ANAB, PASS, ALIC, TYPE

Énigme 68

En circulant par les ouvertures, épelez un mot de huit lettres..

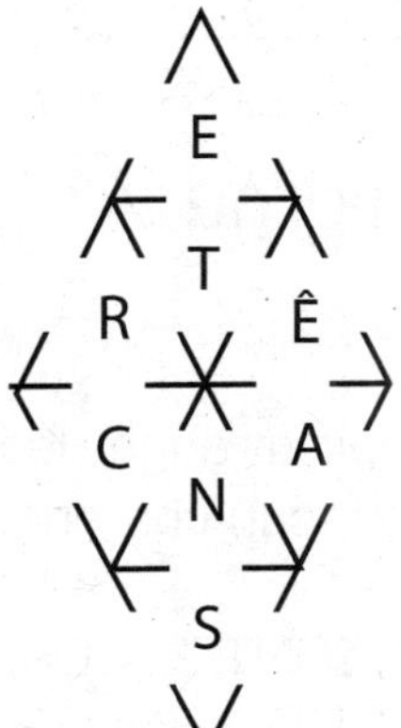

Énigme 69

Trouvez les lettres manquantes pour créer un mot de neuf lettres commençant à un coin du carré et continuant en spirale jusqu'au centre.

A		D
D	T	É
R	O	

Énigme 70

Complétez le mot ci-dessous qui contient un trigramme (trois lettres consécutives) et se rapporte à un os du pied.

STR _ _ _ _

Énigme 71

Trouvez une raison pour arranger les mots ci-dessous en trois groupes, chacun contenant trois mots :

ÉPONGE, PONTER, CONTER, CORNET, BLONDE,
DONNER, FRONDE, SONNER, BRONZE

Énigme 72

En joignant les coins et sans compter les rotations et les réflexions, il est possible de disséquer un pentagone en trois triangles d'une seule façon et un hexagone de trois façons différentes. Les deux sont illustrées ci-dessous.

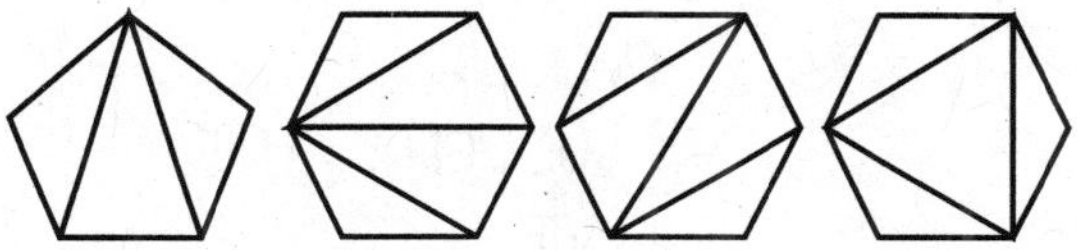

Combien y a-t-il de façons de disséquer un heptagone en triangles?

Énigme 73

Quelle figure complète la séquence ci-dessus ?

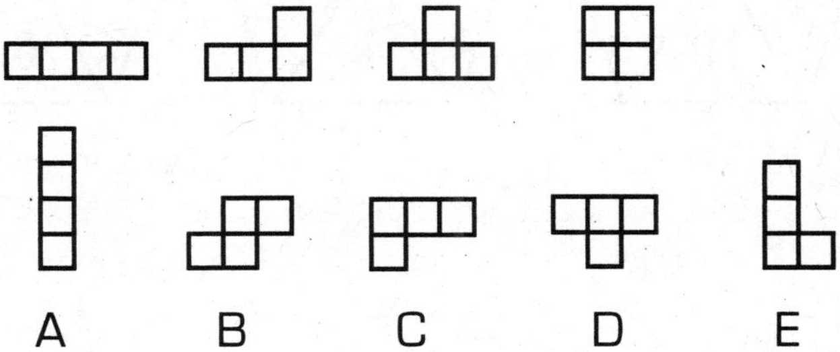

Énigme 74

LARGO : LENT
PIANO :

A. LISSE
B. FORT
C. DOUX
D. JOUER
E. VIF

Énigme 75

Quel nombre doit remplacer
le point d'interrogation ?

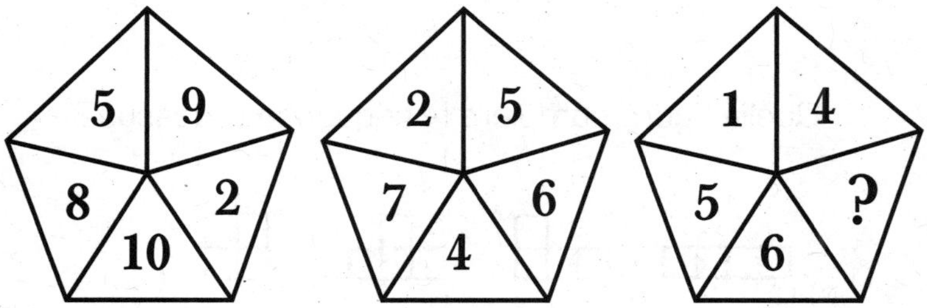

Énigme 76

Thierry bat Jean au billard mais perd contre Suzanne.
Hélène gagne habituellement contre Jean,
parfois contre Thierry, mais jamais contre Suzanne.

Qui est le joueur le plus faible ?

Énigme 77

En travaillant dans le sens contraire des aiguilles d'une montre,
prenez une lettre dans chaque cercle pour épeler deux synonymes.

Remarque : Chaque mot commence dans un cercle différent.

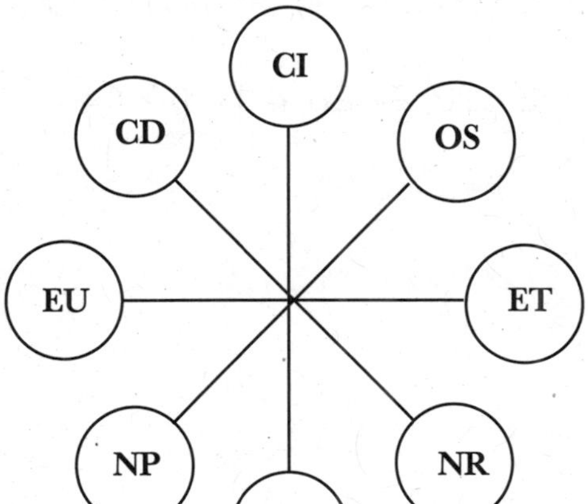

Énigme 78

Le dé tourné de un côté jusqu'au carré 2,
et ainsi de suite – un côté à la fois jusqu'aux carrés 3, 4, 5, 6.

Quel nombre apparaîtra en haut quand il sera dans le carré 6?

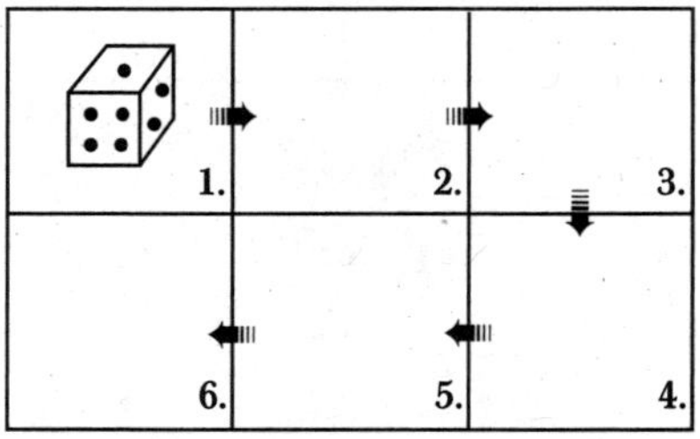

Énigme 79

Parmi ces nombres, lequel est l'intrus ?

3 628, 2 426, 4 146, 1 448

Énigme 80

Insérez les nombres 1 à 5 dans les cercles, en utilisant chaque nombre une fois. Faites cela de façon que, pour chaque cercle, la somme du nombre dans les cercles reliés directement à lui soit égale à la valeur allouée au nombre à l'intérieur du cercle, selon la table ci-dessous :

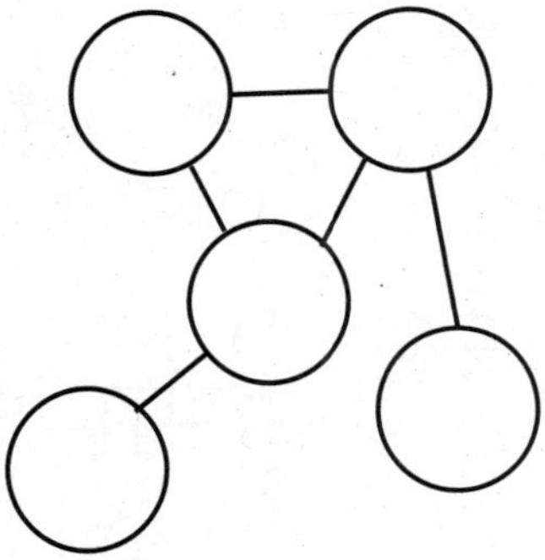

1 = 5
2 = 12
3 = 7
4 = 2
5 = 6

EXEMPLE :
1 = 14 (4 + 7 + 3)
4 = 8 (7 + 1)
7 = 5 (4 + 1)
3 = 1

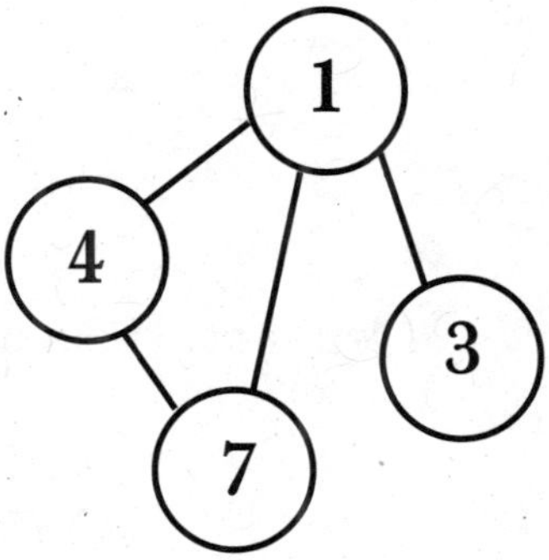

Énigme 81

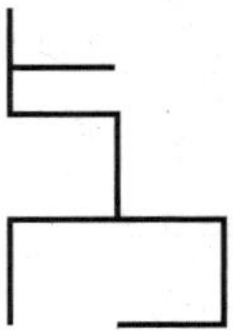 est à 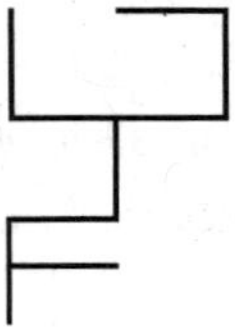 ce que

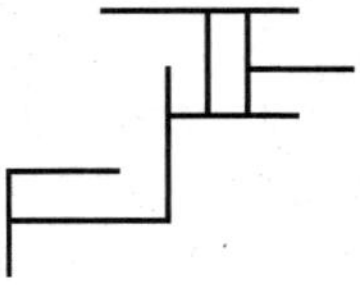 est à :

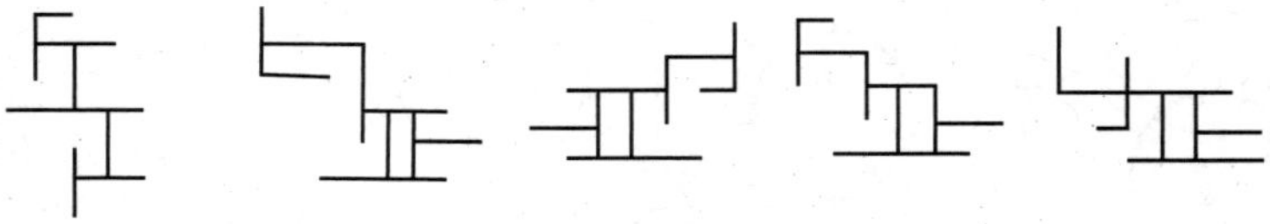

A B C D E

Énigme 82

Mettez ces mots par ordre alphabétique.

AUTOUR
ASTRAGALE
ABDIQUER
ABANDON
ABSTRAIT
ABDOMEN
ABROGER

Énigme 83

Si poisson dans un objet (4 dans 8) est CAME(LOTE), pouvez-vous trouver une fine corde dans un instrument (5 dans 9) ?

Énigme 84

Quel nombre doit remplacer le point d'interrogation ?

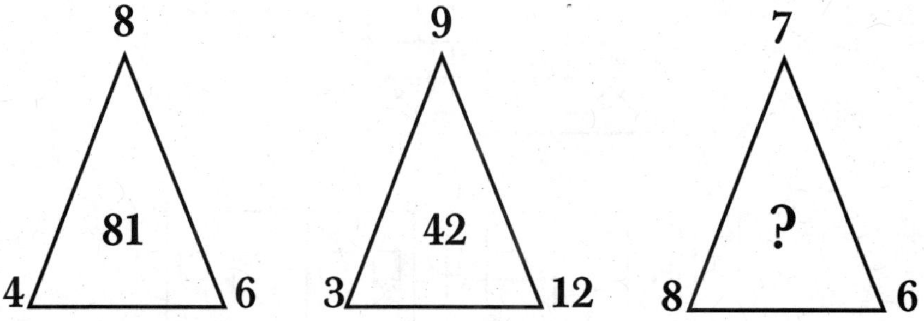

Énigme 85

Les mots noir et blanc sont des antonymes.
Quels mots, l'un rimant avec noir et l'autre rimant avec blanc, sont également des antonymes.

Énigme 86

Quel est le carré manquant ?

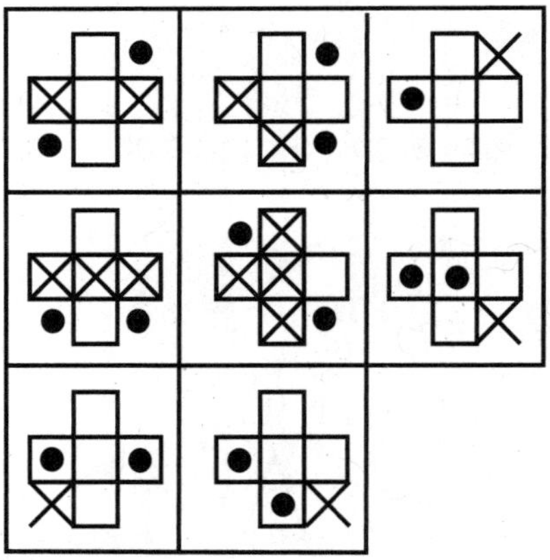

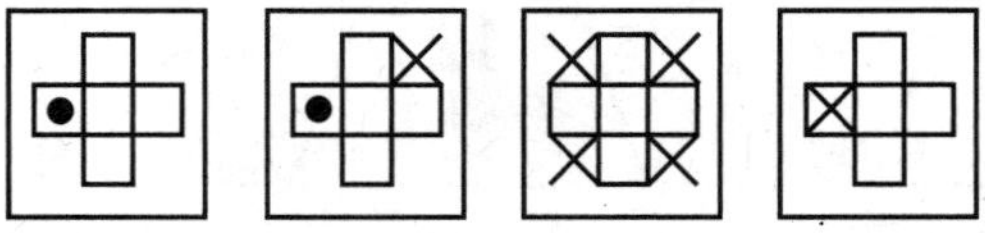

A B C D

Énigme 87

Quel est l'intrus ?

BA	HA	LU
TH	RA	GO
BA	NG	TU

Énigme 88

Quel nombre doit logiquement
remplacer le point d'interrogation ?

Simplifiez : 5 + 8 ÷ 4 + 9 x 2 + 7 = ?

Énigme 89

Trouvez un mot de neuf lettres composé
seulement des six lettres suivantes.

ONA
TIE

Énigme 90

Placez trois des groupes de trois lettres
ensemble pour former un vêtement.

INT, TER, COA, POU, KIT, SHI, RPO, RTY

Énigme 91

Quels sont les deux mots
dont le sens est similaire ?

PILLER, CHARMER, BLAGUER,
SEVRER, TAQUINER, CHANGER

Énigme 92

Quel est l'intrus ?

A B C D

Énigme 93

Quel diagramme continue la séquence ?

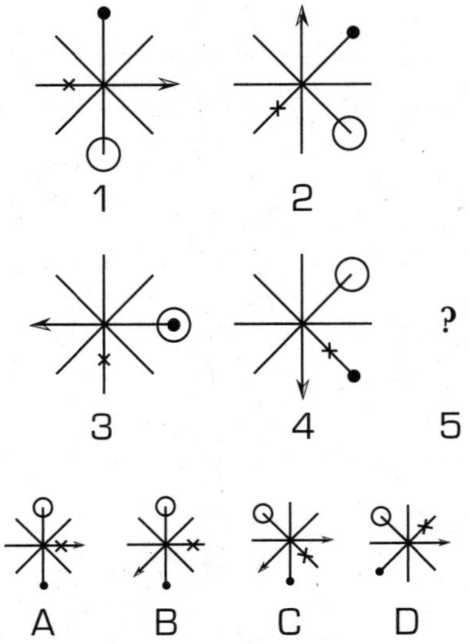

Énigme 94

Réarrangez les lettres dans chaque ensemble pour former le nom d'une plante.

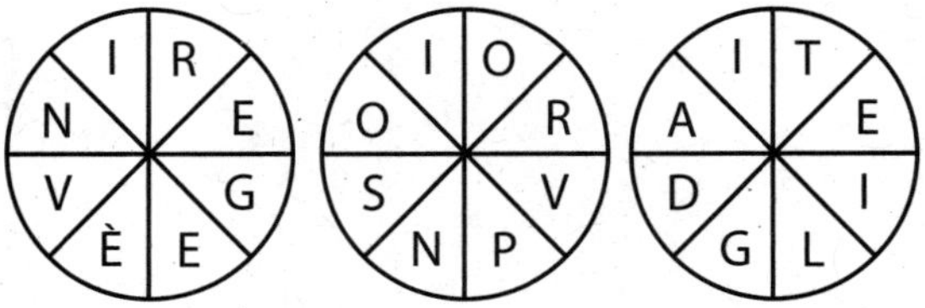

Énigme 95

Une pierre est lâchée du haut d'une falaise.
Au bout de 5 secondes, de combien
de mètres (pieds) est-elle tombée?

A. 85 m (280 pi)
B. 97 m (320 pi)
C. 122 m (400 pi)
D. 146 m (480 pi)
E. 152 m (500 pi)

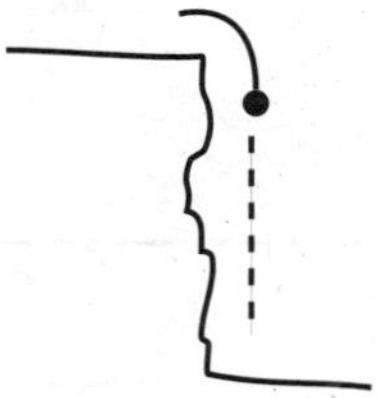

Énigme 96

Commencez à un coin du carré, déplacez-vous
en un mouvement de spirale et trouvez la règle pour
trouver le nombre qui doit remplacer le point d'interrogation.

32	28	34	30
26	42	38	36
30	36	?	32
24	40	34	38

Énigme 97

Combien de révolutions sont faites par une roue de bicyclette de 71 cm (28 po) sur un parcours de 1,6 km (1 mi) ?

A. 620
B. 720
C. 820
D. 920
E. 1020

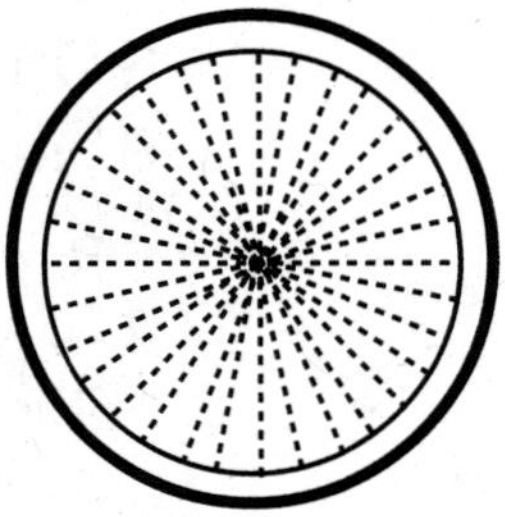

Énigme 98

Dessinez le schéma suivant de cette série.

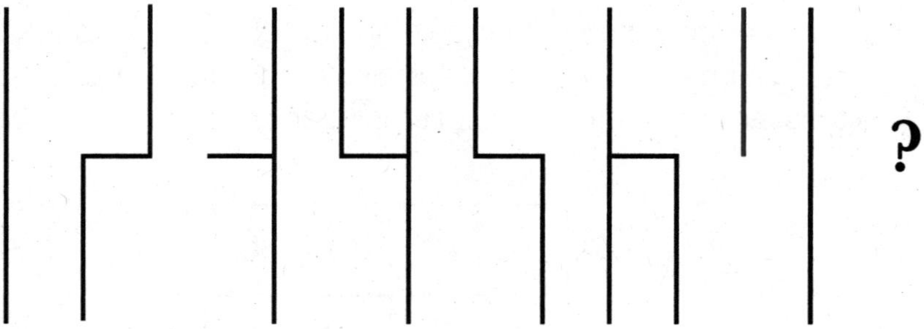

Énigme 99

Quel est le symbole mathématique pour infini ?

A. $\nless$
B. ∞
C. Δ
D. $::$
E. $\propto$

Énigme 100

Remplissez les blancs pour trouver trois îles :

_A_D_I_N_
_A_R_C_
_A_O_I_E_

Énigme 101

Trouvez un mot de quatre lettres qui complète tous les mots de trois lettres du côté gauche et qui joue le rôle de préfixe avec tous les mots de trois lettres du côté droit.

ACHÈVE		HE
SÛRE	_ _ _ _	IRONS
EFFONDRE		ON

Énigme 102

Quelle cible a un score de 185 points ?

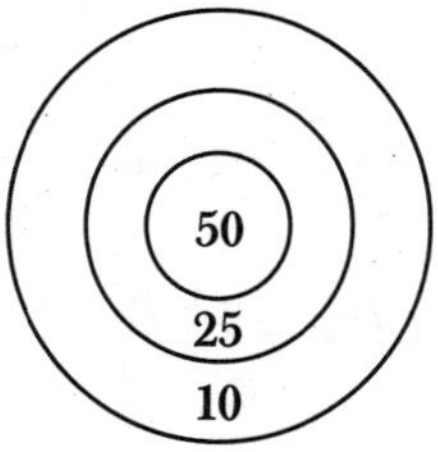

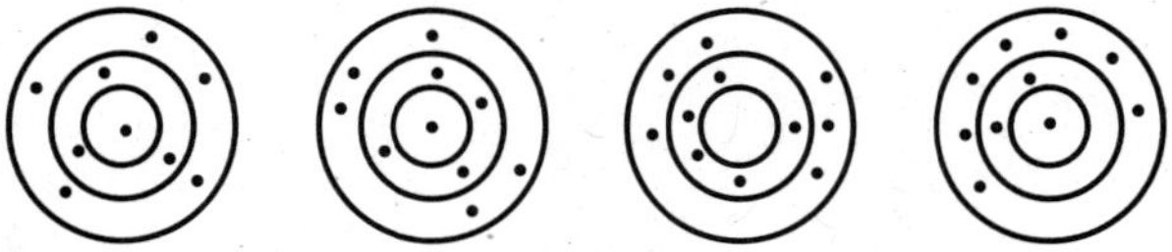

A B C D

Énigme 103

Lequel est un ingrédient de la CHOUCROUTE ?

FROMAGE, EAU CHAUDE, LAIT, BEURRE, CHOU

Énigme 104

Placez un mot entre les parenthèses qui, soudé au premier ou au second mot ci-dessous, peut former deux nouveaux mots.

PERDRE (_ _) VENT

Énigme 105

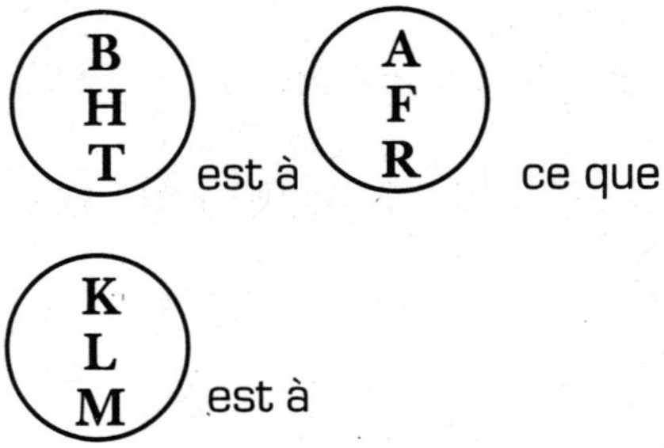

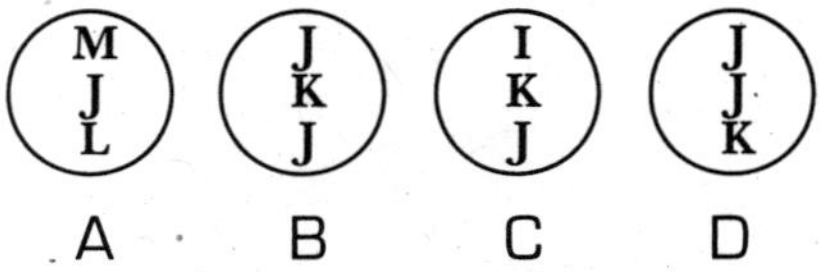

Énigme 106

Quel est l'intrus ?

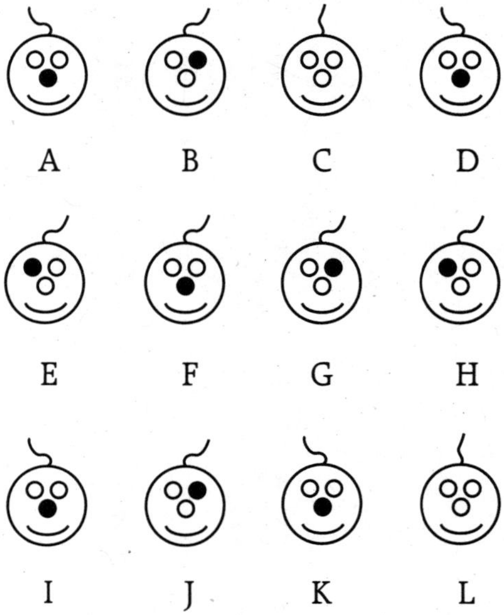

Énigme 107

Résolvez les anagrammes entre parenthèses
pour compléter correctement la citation.
« L'amour est le grand point, qu'importe la (estîmeras).
Qu'importe le flacon pourvu qu'on ait l'(servies) ! »
– Alfred de Musset

Énigme 108

Pairez les huit mots pour former quatre mots composés.
Utilisez chaque mot une seule fois.

AUTO, LITRE, RETOUR, ÉCOLE,
DEMI, MAIN, NON, SOUS

Énigme 109

Mitzi a 800 $ à dépenser.
Elle dépense les 2/5 des 800 $ en vêtements,
0,425 des 800 $ en bijoux, et écrit un chèque
de 240 $ pour une nouvelle montre.

Quelle est sa situation financière à la fin de la journée ?

Énigme 110

Quel est le mot dont le sens
est opposé à OPTIMUM ?

ANTITHÈSE, SANS ORIGINALITÉ,
LE MOINS, AUSTÈRE, CHASTE

Énigme 111

Quel est le nombre manquant ?

5	3	8	4	9	6	8
8	6	6	1	8	4	?
3	2	7	6	8	7	3

Énigme 112

TALIBAN
ACCÉDER
VÉRIFIE

Quel prénom féminin continue la séquence ci-dessus ?

A. EUNICE
B. AGATHA
C. JOANNE
D. INGRID

Énigme 113

Résolvez les deux anagrammes pour produire un dicton célèbre.

_ ___ ____ , ___ ___
NOBA CATH NOB ART

Énigme 114

Quand la forme ci-dessous est pliée pour former un cube,
un seul des suivants peut être produit.

Lequel ?

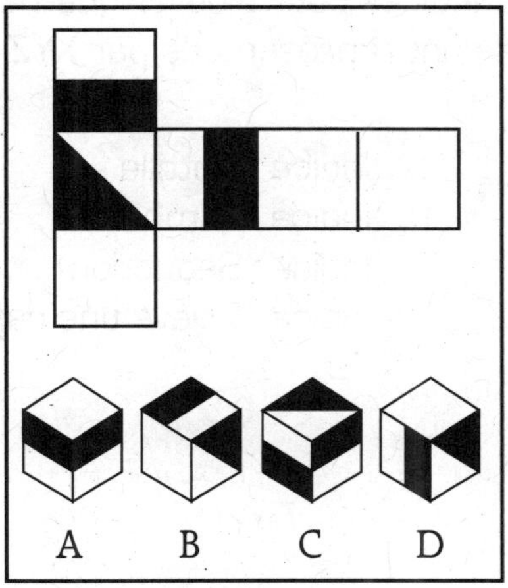

Énigme 115

Si 9V d'un C équivaut à 9 vies d'un chat,
pouvez-vous décoder ce qui suit ?

10P au C

Énigme 116

Résolvez les indices pour trouver quatre mots.
Les trois mêmes lettres sont représentées par XYZ dans chaque mot.

X Y Z _ _ _	Indice : Flottille
_ X Y Z _	Indice : Jambon
_ _ X Y Z _	Indice : Séduction
_ _ _ X Y Z _	Indice : Enlève une capacité défensive

Énigme 117

Quel nombre doit remplacer
le point d'interrogation ?

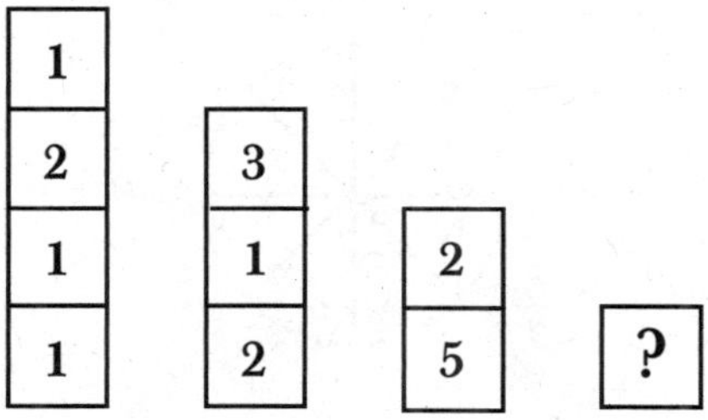

Énigme 118

Le mot SOLO apparaît seulement une fois
dans cette grille sur une ligne droite. Pouvez-vous le trouver ?
Il peut apparaître horizontalement, verticalement
ou diagonalement, de gauche à droite ou de droite à gauche.

S	O	L	S	L	O	S	O
S	O	S	O	S	O	O	S
O	O	S	O	S	L	O	O
O	S	O	L	S	O	O	O
S	O	S	L	S	L	L	O
L	S	L	O	O	S	O	S
O	O	O	S	S	O	O	L
O	S	L	L	O	S	L	O

Énigme 119

Tournez dans le sens des aiguilles d'une montre pour trouver un mot de huit lettres. Vous devez trouver le point de départ et fournir les lettres manquantes.

Énigme 120

Quel est l'intrus ?

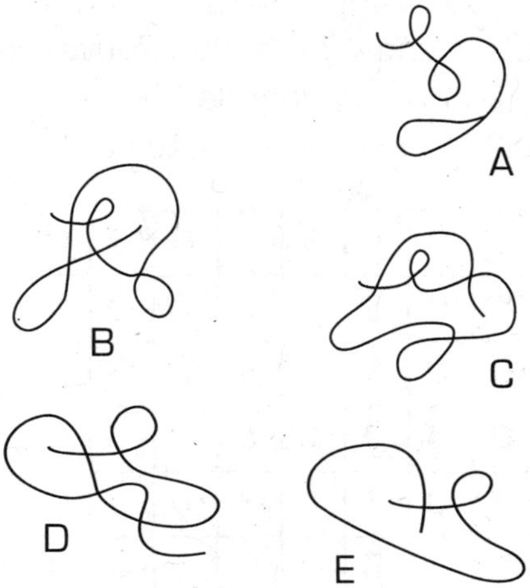

Énigme 121

Nous avons tous la ____1____ d'utiliser encore plus
notre ____2____ en ____3____ de nouvelles possibilités
et aventures et en ____4____ de l'expérience.

Choisissez les mots corrects (un pour chaque blanc) parmi les choix ci-dessous pour compléter correctement la citation ci-dessus.

1. PRIVILÈGE, SENS, CAPACITÉ, PRÉFÉRENCE, IMAGINATION
2. ORDINATEURS, ARGENT, APTITUDE, CERVEAU, VITALITÉ
3. EXPLORANT, TROUVANT, ARRANGEANT, VISITANT, CROISANT
4. DANGEREUX, MODERNE, SUBTILE, DISCRET, ACQUÉRANT

Énigme 122

Quel nombre doit remplacer le point d'interrogation ?

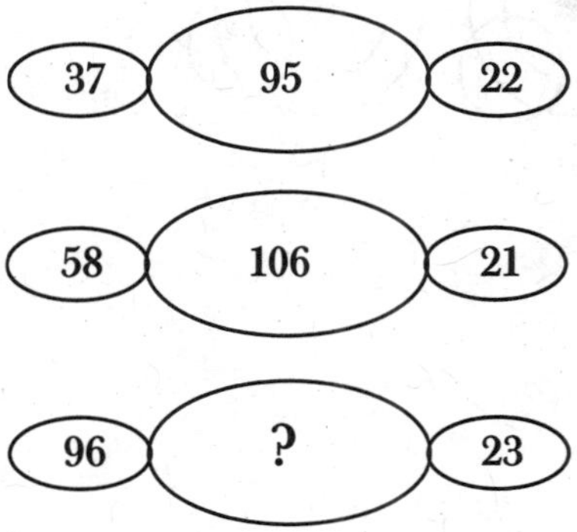

Énigme 123

Quel est le total des nombres
sur les envers de ces dés ?

Énigme 124

Quel est l'intrus ?

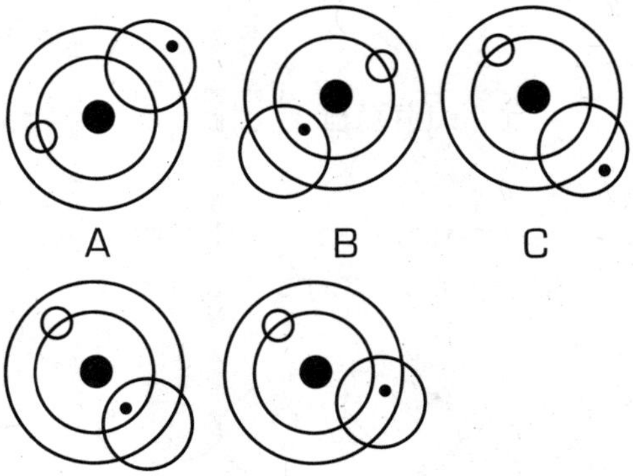

A B C D E

Énigme 125

Parmis les anagrammes suivants, laquelle n'est pas celle d'une monnaie ?

A. BOULER
B. LE DIAMANT
C. TALQUEZ
D. DROGUE
E. COUDES
F. DRAIN

Énigme 126

Trouvez l'anagramme de :
ARC-BOUTÉ

Énigme 127

Placez quatre des groupes de trois lettres ensemble
pour former deux mots de six lettres.

SUT - TIC – NAU – TIN – HÉR – MET – SÉE – ITE

Énigme 128

Remplissez les blancs pour épeler trois danses.

_I _T_R_U_
_U_D_I_L_
_O_O_A_S_

Énigme 129

Quels mots ont un sens opposé ?

RAFFINÉ, SUCCINCT, TURBULENT,
SPACIEUX, GARÇONNIER, ÉMACIÉ

Énigme 130

Si les lettres manquantes dans les deux cercles ci-dessous sont insérées correctement, elles formeront des synonymes. Les mots n'ont pas besoin d'être lus dans le sens des aiguilles d'une montre, mais les lettres sont consécutives.

Quels sont les mots et quelles sont les lettres manquantes ?

Énigme 131

La LOTTE est au POISSON
ce que la CARAVELLE est au :

A. MÉNESTREL
B. CARAVANE
C. CIRQUE
D. VÉHICULE
E. BATEAU

Énigme 132

Quel chiffre romain doit remplacer
le point d'interrogation ?

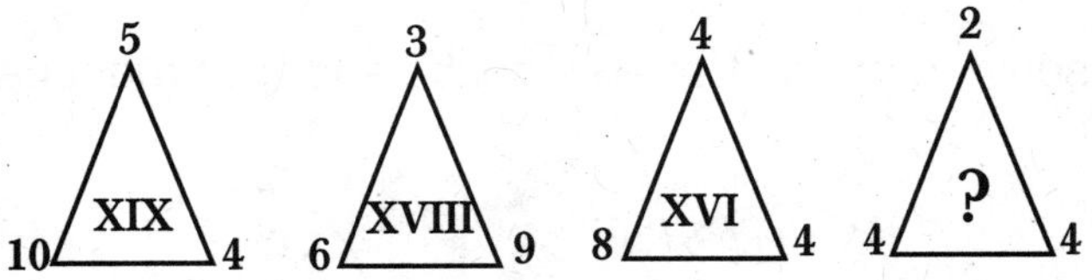

Énigme 133

Quel nombre doit remplacer
le point d'interrogation?

7 17 8½ 14¼ 10 11½ ?

Énigme 134

Quelle est la signification de MANTILLE ?

A. PANTALON
B. BATEAU
C. ROBE
D. MÛRE-FRAMBOISE
E. ÉCHARPE

Énigme 135

Il y a seulement cinq solides réguliers
avec des faces symétriques.

Lequel a vingt faces ?

A. ICOSAÈDRE
B. DODÉCAÈDRE
C. CUBE
D. TÉTRAÈDRE
E. OCTAÈDRE

Énigme 136

Combien de degrés a cet angle?

A. 105°
B. 110°
C. 115°
D. 120°
E. 130°

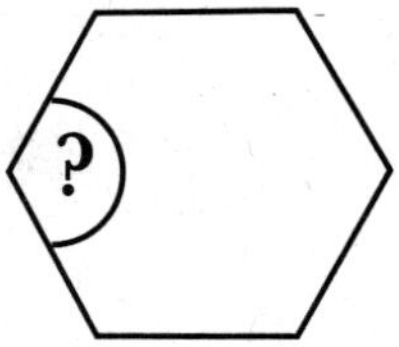

Énigme 137

Quelle est la valeur du *x*?

$$\frac{4 \times 2 - 6}{7 - 4 \times 2} = x$$

Énigme 138

L'HIPPOPHOBIE est aux CHEVAUX
ce que l'AILOUROPHOBIE est au/aux :

A. ÉLÉPHANTS
B. LIONS
C. SOURIS
D. REQUINS
E. CHATS

Énigme 139

Quel mot peut être placé à la fin de ces
mots pour faire de nouveaux mots?

BAT
RAT
POINT _ _ _
VERS
SUR

Énigme 140

Complétez le mot.

_ _ UBR _ _ _ _ _

Énigme 141

Quelles lettres d'un cercle ne peuvent pas être réarrangées en un mot de six lettres ?

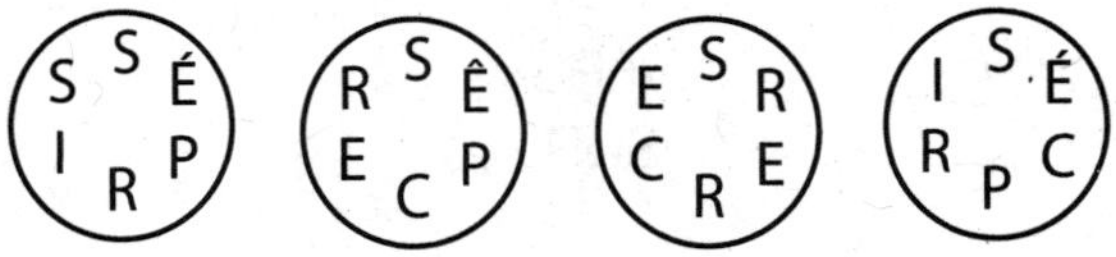

A B C D

Énigme 142

Le NECTAR est à la BOISSON
ce que l'AMBROISIE est à la (au/aux) :

A. MÉDECINE
B. ABEILLES
C. GRÈCE
D. TONIQUE
E. NOURRITURE

Énigme 143

Quel est le lien entre ces mots ?

AMULETTE
ÉLANCEMENT
MORATOIRE
ÉLÉPHANTESQUE

Énigme 144

Considérez le carré ci-dessous :

Maintenant, considérez l'ensemble ci-dessous :

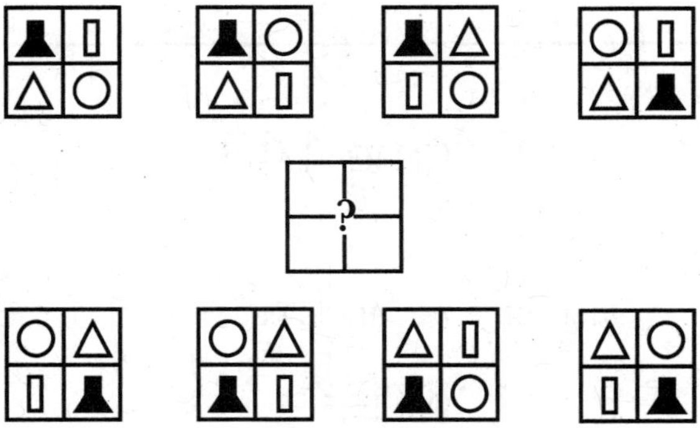

Quel carré doit remplacer le point d'interrogation ?

A B C D

Énigme 145

« Action aventureuse qui va à l'encontre
d'une conduite approuvée ou conventionnelle. »

Quel mot convient le mieux à cette définition ?

A. MÉFAIT
B. ESCAPADE
C. EXPÉRIENCE
D. AVENTURE
E. EXPLORATION

Énigme 146

Allez d'étoile en étoile
pour épeler un mot de dix lettres.

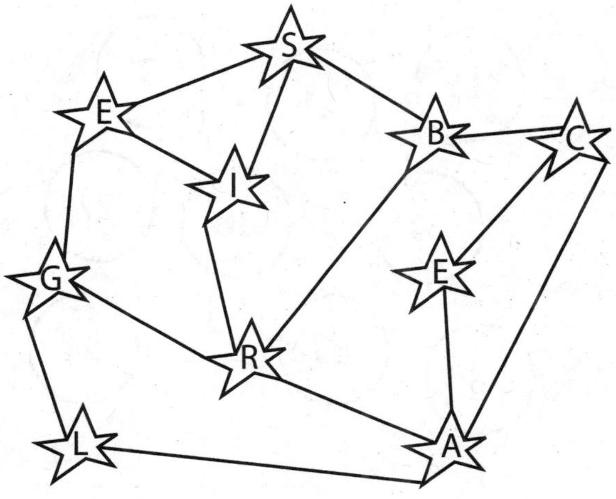

Énigme 147

Sam a visité plusieurs endroits en Europe.

Il a détesté Madrid.
Il a adoré Prague.
Il a détesté Varsovie.
Il a détesté Antrim.
Il a adoré Ankara.

A-t-il adoré ou détesté Toronto ?

Énigme 148

Parmi ces nombres, lequel est l'intrus ?

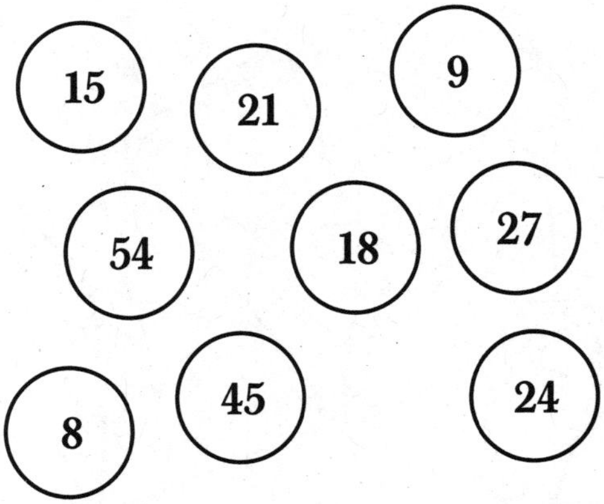

Énigme 149

Trouvez le point de départ et visitez chaque carré une fois pour atteindre le trésor marqué T.

1N 2O
= 1 nord
2 ouest

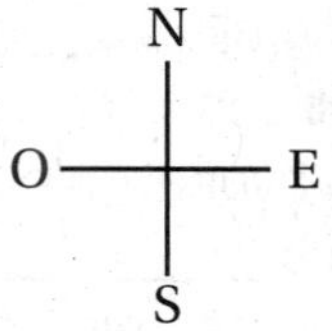

1S 1E	1S 1E	2S
1S	T	1N 2O
1E 2N	2N 1E	2O 1N

Énigme 150

Quel est l'intrus ?

ACÉTATE
NYLON
POLYESTER
VIGOGNE
RAYON

Énigme 151

Insérez deux mots qui sont les anagrammes
de l'un et de l'autre pour compléter la phrase.
Par exemple : elle enleva les <u>taches</u> de sa nouvelle chemise très <u>chaste</u>.

La lutte allait s'___________ longue et difficile
avant que je puisse réclamer mon héritage.
Mon avocat m'avait prévenu que je pouvais
toujours _________________ cela, mais j'étais
déterminé à lutter jusqu'au bout.

Énigme 152

Quel nombre est à trois places de lui-même plus 4,
à deux places de lui-même moins 3, à trois places
de lui-même doublé, à deux places de lui-même moins 1,
à trois places de lui-même plus 3 et à deux places
de lui-même moins 5 ?

19	14	3	8	11
9	2	20	6	5
15	22	16	2	30
24	7	18	4	10
18	1	12	13	17

Énigme 153

Quelle forme continue la séquence ci-dessous?

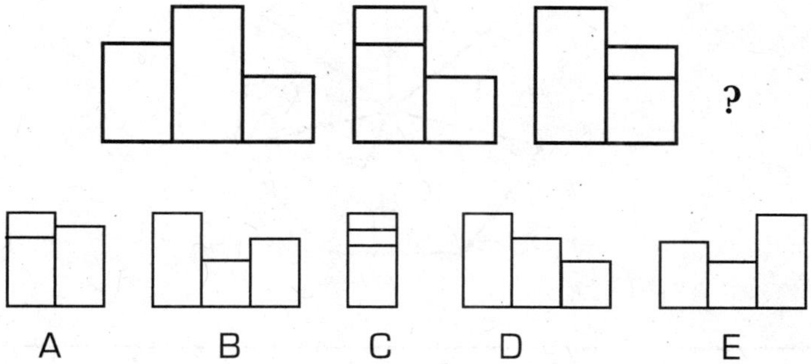

Énigme 154

Soulignez les deux mots entre les parenthèses
que le mot qui ne s'y trouve pas a toujours.

FLEUVE (ESTUAIRE, EAU, BATEAUX,
MOUVEMENT, CASCADE)

Énigme 155

Quelle lettre doit remplacer le point d'interrogation ?

Énigme 156

Quelle est la section manquante ?

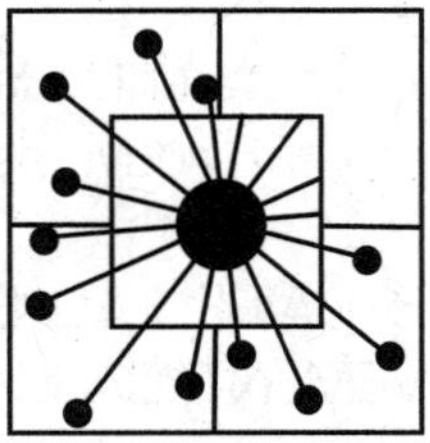

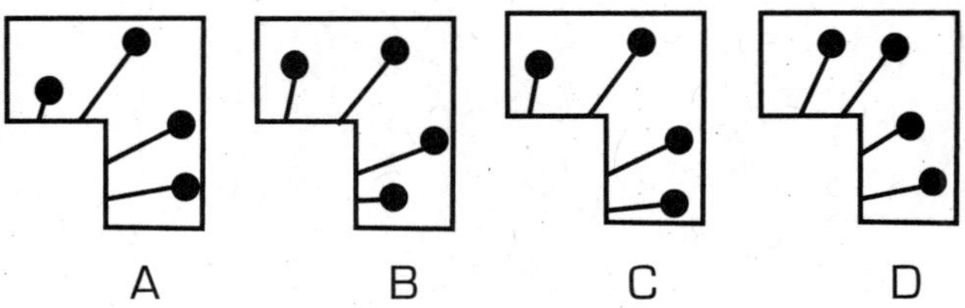

Énigme 157

Le coût de location d'un wagon privé est partagé également par tous les passagers. Le wagon est doté de quarante sièges et le montant total de la facture est de 70,37 $.

Combien y a-t-il de sièges non occupés ?

Énigme 158

Quel mot est indiqué dans les indices ci-dessous ?

Le bas de l'échelle
La fin de la ligne
Le premier de tous
Le centre de l'artichaut
Le début de la fin

Énigme 159

Divisez 800 par 1/4 et ajoutez 5.

Quelle est la réponse?

Énigme 160

 est à 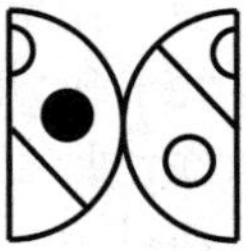 ce que 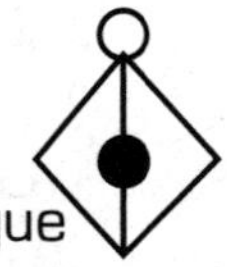 est à :

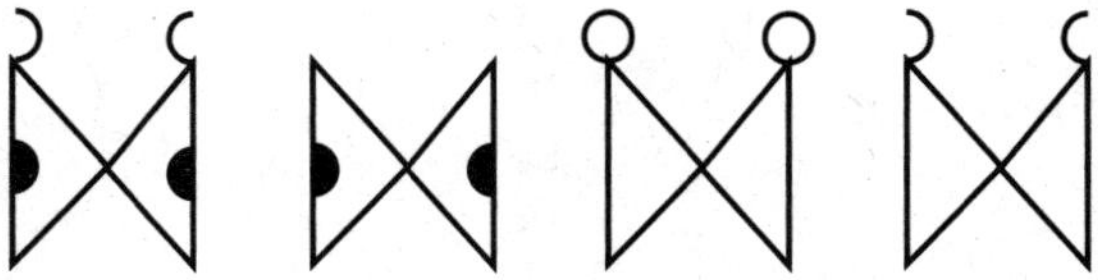

A B C D

Énigme 161

Placez les lettres dans la grille pour former le nom d'une couleur et d'un lézard.

E A G H I C N I U R

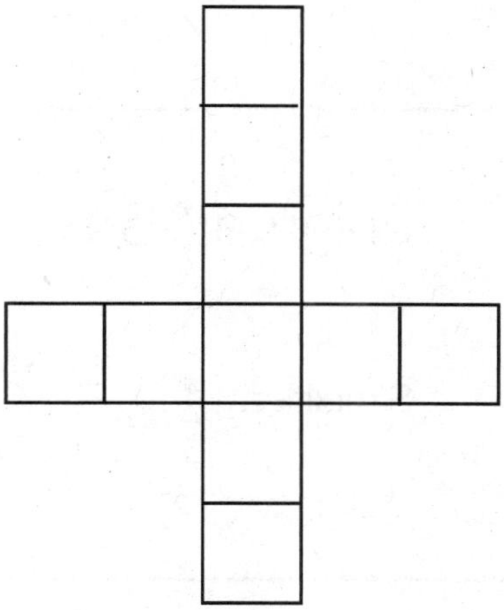

Énigme 162

Quel nombre continue la série ?

0,5	A. 0,857
0,666	B. 0,861
0,75	C. 0,865
0,8	D. 0,869
0,833	E. 0,873

Énigme 163

Placez trois groupes de deux lettres ensemble pour former le nom d'un oiseau.

AN – ON – PI – DU – GE – NS

Énigme 164

Simplifiez : $\frac{1}{3} \div \frac{7}{18}$

Énigme 165

Quel est l'intrus?

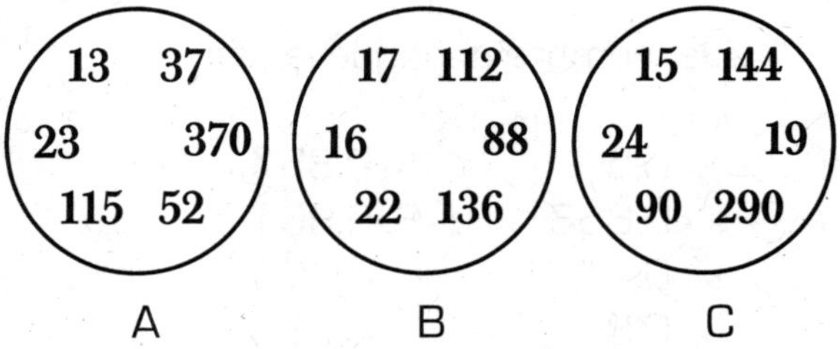

Énigme 166

Il y a une lettre intruse dans chaque hexagone.

Pouvez-vous la trouver ?

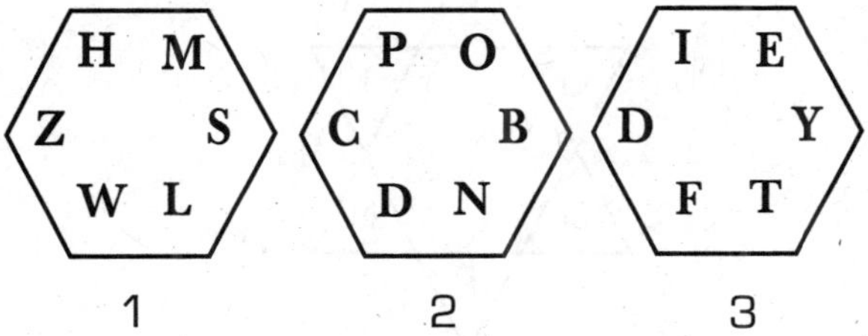

Énigme 167

Lequel de ces mots ne désigne pas un oiseau ?

A. MACAREUX
B. TARIN DES AULNES
C. CALEBASSE
D. COLVERT
E. ÉMERILLON
F. VAUTOUR

Énigme 168

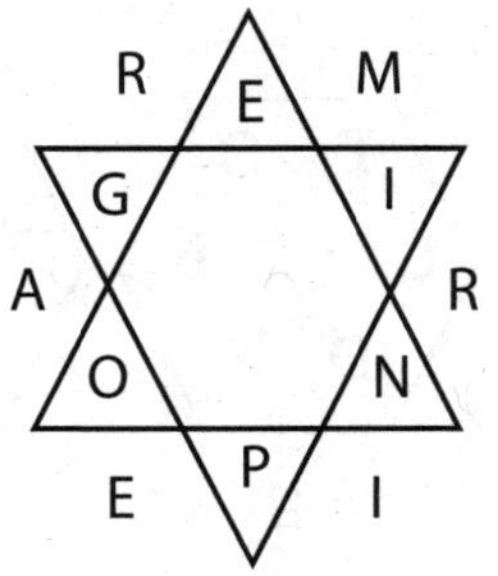

Énigme 169

Quel symbole doit continuer la série ?

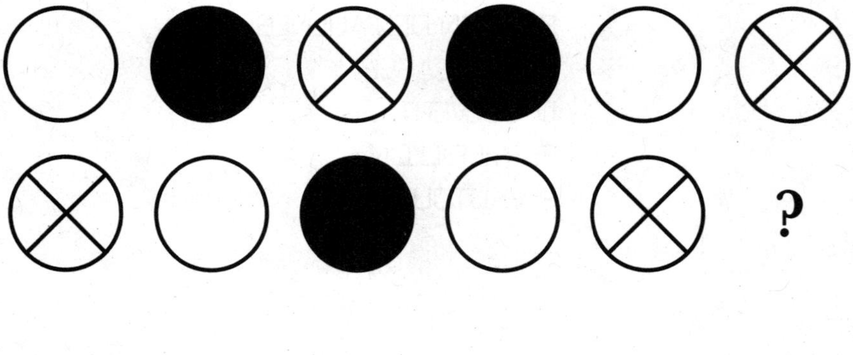

Énigme 170

En circulant par les ouvertures,
épelez un mot de huit lettres.

Énigme 171

Quel mot exprime la peur des voyages ?

A. HODOPHOBIE
B. NÉLOPHOBIE
C. IDÉOPHOBIE
D. ANDROPHOBIE
E. HYDROPHOBIE

Énigme 172

Trouvez trois animaux cachés
dans la phrase suivante :

« Il réclama du lait pour calmer sa gorge
qui le grattait. Le parcours avait été long. »

Énigme 173

Combien y a-t-il de degrés dans cet angle ?

A. 100°
B. 105°
C. 108°
D. 110°
E. 120°

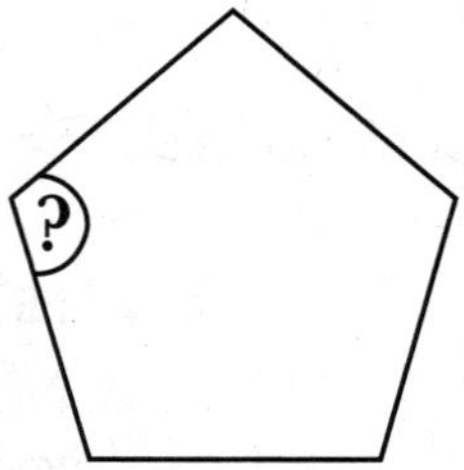

Énigme 174

Quel nombre doit remplacer
le point d'interrogation ?

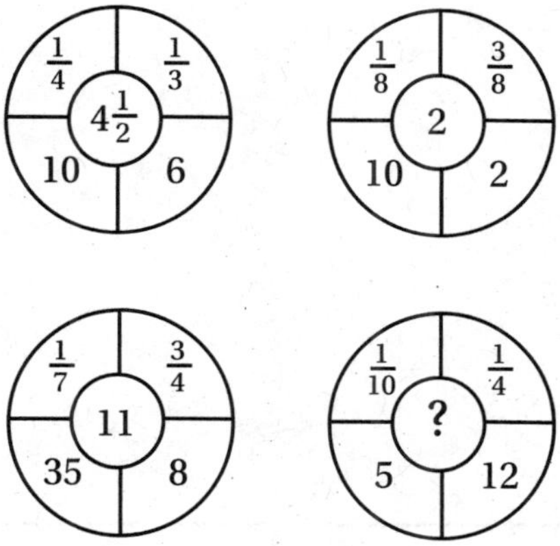

Énigme 175

Trouvez les lettres manquantes pour faire un mot
de neuf lettres, en commençant à un coin du carré
et en continuant en spirale vers le centre.

	A	C
N	E	I
E	É	

Énigme 176

Combien d'équipes de 11 joueurs peuvent être sélectionnées à partir de 15 membres ?

Énigme 177

Trouvez la lettre manquante qui répond à la règle de ce motif.

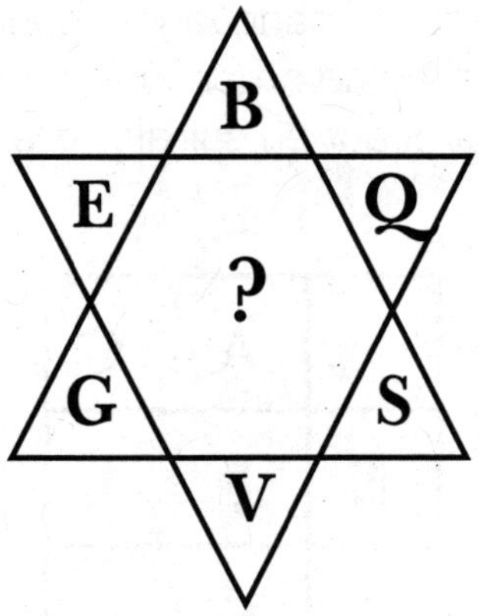

Énigme 178

Convertissez cette fraction en une décimale.

$$\frac{3}{8} = ?$$

Énigme 179

J'ai produit un impact bien net
sur le sommet d'une petite attache.

Qu'ai-je fait ?

Énigme 180

Si une voiture avait augmenté sa vitesse moyenne
de 8 km/h (5 mi/h) sur un parcours de 338 km (210 mi),
le voyage aurait été complété en 1 heure de moins.

Quelle était la vitesse originale de la voiture ?

Énigme 181

Quel est l'intrus ?

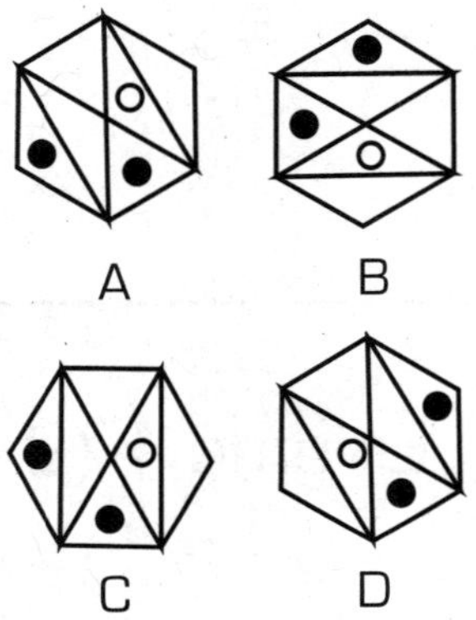

Énigme 182

Quel nombre doit remplacer
le point d'interrogation ?

9	4	6	11
3	6	7	4
5	?	4	1
11	6	3	8

Énigme 183

Quel mot a un sens opposé à CORPULENT ?

SUR LES NERFS, COMMUN, EN BONNE SANTÉ,
PAUVRE, DÉCHARNÉ

Énigme 184

Quel mois vient ensuite ?

JANVIER, MARS, JUIN, OCTOBRE, MARS, ?

Énigme 185

Quel cercle doit remplacer ceux
avec un point d'interrogation ?

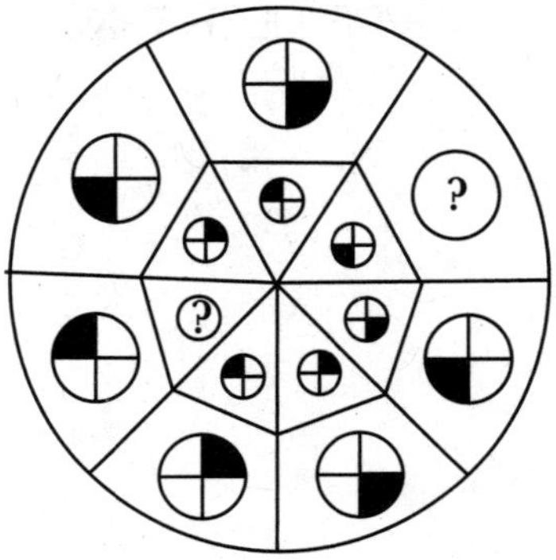

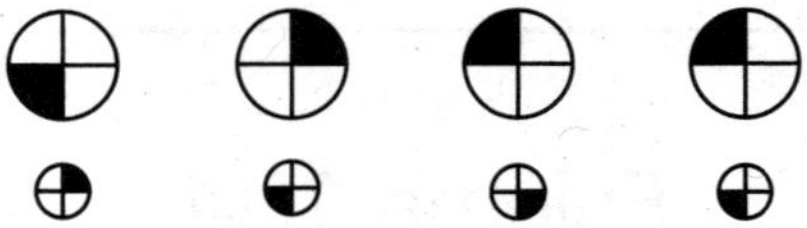

A B C D

Énigme 186

Quel nombre doit remplacer
le point d'interrogation ?

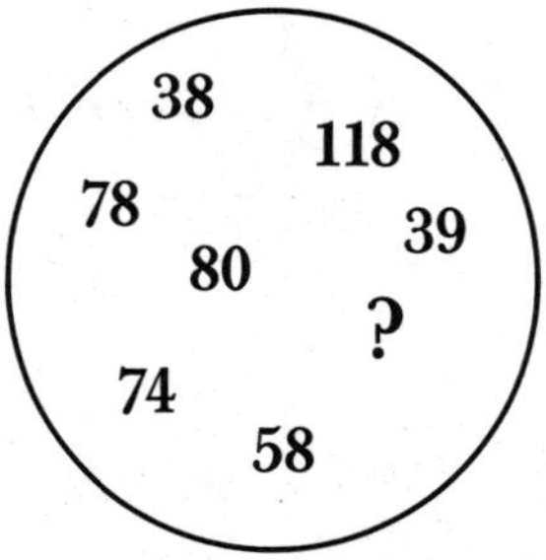

Énigme 187

Voici sept synonymes d'un mot clé.
Prenez une lettre de chacun pour former un huitième synonyme.

Mot clé : TALENT

Synonymes : FACILITÉ, HABILETÉ, CAPACITÉ
APTITUDE, STYLE, DISPOSITION, GÉNIE

Énigme 188

RARE (LORRAINE) LION

Quel prénom féminin doit aller entre les parenthèses ci-dessous
si on applique les mêmes règles que dans l'exemple ci-dessus ?

RETTE (   ) GOGE

Énigme 189

Quel est l'intrus ?

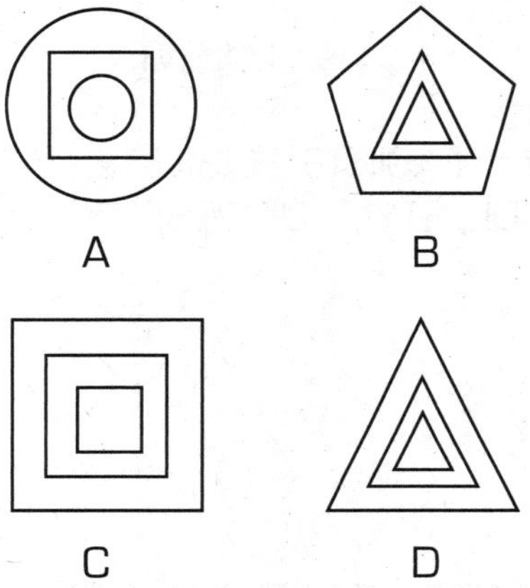

Énigme 190

Quatre balles sont alignées.
La balle rouge est près de la verte mais loin de la bleue.
La balle jaune est loin de la bleue.
Quelle balle est près de la balle jaune ?

A. La balle rouge
B. La balle verte
C. La balle rouge et la balle verte
D. Il n'y a pas assez d'information pour le déterminer.

Énigme 191

Une lettre de chaque mot d'un dicton
célèbre a été changée pour une autre.

Quel est le dicton ?

OUI RIME TIEN CRÂTIE SIEN

Énigme 192

« Moyen indirect, ingénieux
et souvent astucieux d'arriver à ses fins. »

Quel mot correspond le mieux à la définition ci-dessus ?

PLAN, STRATAGÈME, OPPORTUNITÉ,
DIVERSION, FRAUDE

Énigme 193

Quel nombre continue la série ?

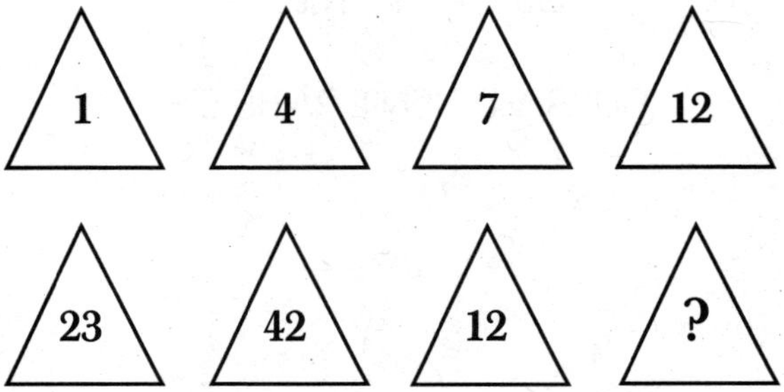

Énigme 194

Quel nombre doit remplacer
le point d'interrogation ?

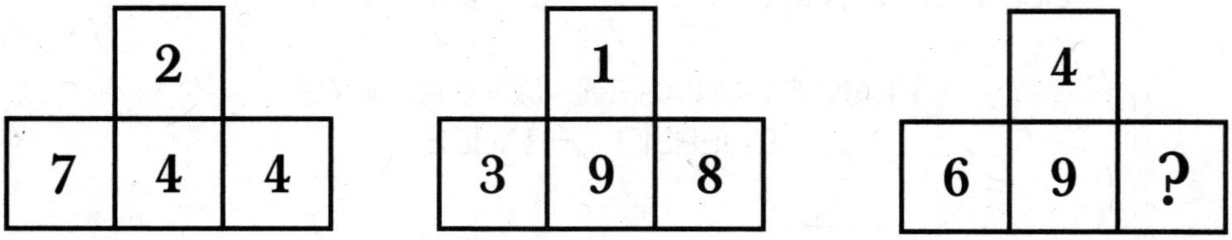

Énigme 195

Si 3 x 6 = 24
alors 4 x 3 = ?

Énigme 196

Quel est le nombre manquant?

24	1	2	3
18	1	4	1
30	1	4	?

Énigme 197

En commençant à un carré externe
et en se déplaçant dans n'importe quelle direction,
épelez un prénom féminin de dix lettres.

EG	NA	MO
AR	LD	RA
DE	BO	HI

Énigme 198

Le mot à placer entre les parenthèses a le même sens que les mots placés à l'extérieur.

Quel est-il ? Chaque trait représente une lettre.

VOLER (_ _ _ _ _ _ _ _ _ _) TRUQUER

Énigme 199

L'échelle de force du vent (Beaufort) comporte 13 degrés numérotés de 0 à 12.

Quel nombre indique une tempête?

A. 8
B. 9
C. 10
D. 11
E. 12

Énigme 200

Tracez un mot de dix lettres dans n'importe quelle direction en utilisant chaque lettre une seule fois.

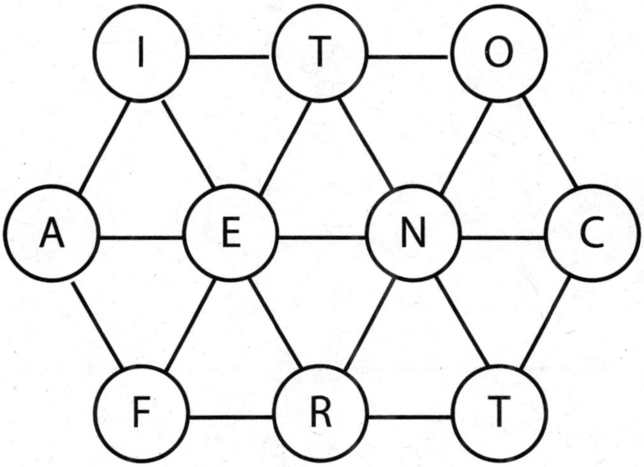

Énigme 201

Placez quatre des groupes de trois lettres ensemble pour former deux mots de six lettres.

TTI – VIS – CAN – RIE – ODI – TUE – EUX – SEC

Énigme 202

Quel est le symbole mathématique d'un arc de cercle ?

A. →
B. ●
C. ∪
D. ⌒
E. ▭

Énigme 203

Quel nombre doit remplacer
le point d'interrogation ?

1 12 $3\frac{1}{4}$ $10\frac{1}{2}$ $5\frac{1}{2}$ 9 $7\frac{3}{4}$?

Énigme 204

Complétez le mot.

Indice : Très fréquentes pendant
la période des fêtes.

_ _ _ _ SAC _ _ _ _ _

Énigme 205

Simplifiez $\frac{675}{1\,000}$ en une fraction.

Énigme 206

Remplissez les blancs pour
trouver quatre prénoms féminins.

A		N		E
E				I
E		I		A

Énigme 207

Remplissez les espaces pour trouver
le nom de trois activités professionnelles.

_ I _ U _ L _ E _ R

_ O _ D _ L _ E _

_ A _ N _ Q _ I _

Énigme 208

Complétez la séquence.

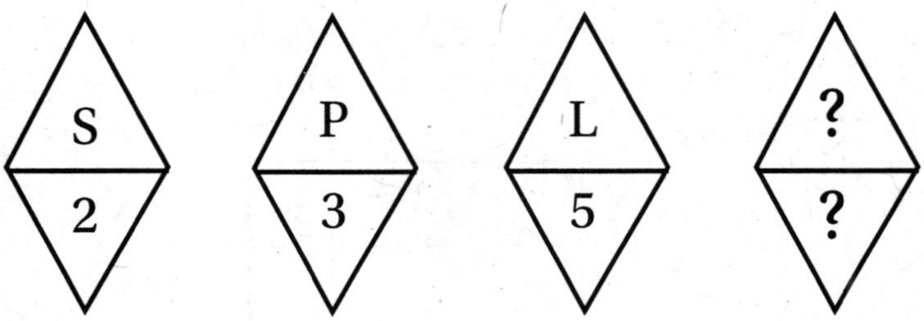

Énigme 209

Quel mot peut être placé devant
ces mots pour en faire de nouveaux ?

(_ _ _) GÈRE
ET
TU
LEUR
GUEUSE

Énigme 210

Avec un dé ordinaire à six côtés,
combien de lancers sont nécessaires en
moyenne pour qu'il tombe sur les six faces ?

A. 10
B. 15
C. 20
D. 25

Énigme 211

Quelles sont les quatre pièces ci-dessous
qui peuvent être utilisées pour construire un cercle parfait ?

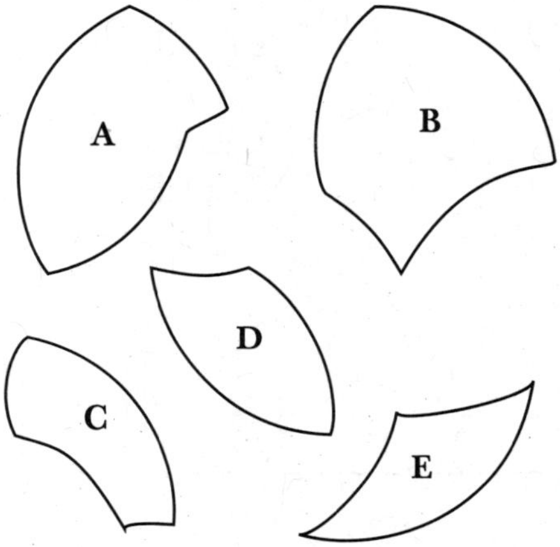

Énigme 212

Quels sont les deux mots
dont le sens est le plus près ?

EXOTÉRIQUE, ABSCONS, SIMPLE,
SOMBRE, RAISONNABLE, ROSE

Énigme 213

Quelle est la phrase qui ne comporte pas le nom d'un animal?

A. Sur mon parcours, je rencontrai un groupe de criminels endurcis et mal intentionnés.

B. Leur leader était bien habillé et portait des lunettes teintées à monture épaisse.

C. « T'as loupé le virage, dit un petit gars hargneux. Et je n'aime pas ton air. »

D. Le leader intervint. « Il semble inoffensif, dit-il. Raccompagnez-le simplement jusqu'au porche. »

E. Je m'éloignai dans l'obscurité, soulagé. Je m'en étais tiré cette fois-ci, mais ma chance pouvait tourner la prochaine fois.

Énigme 214

Quel nombre doit remplacer le point d'interrogation ?

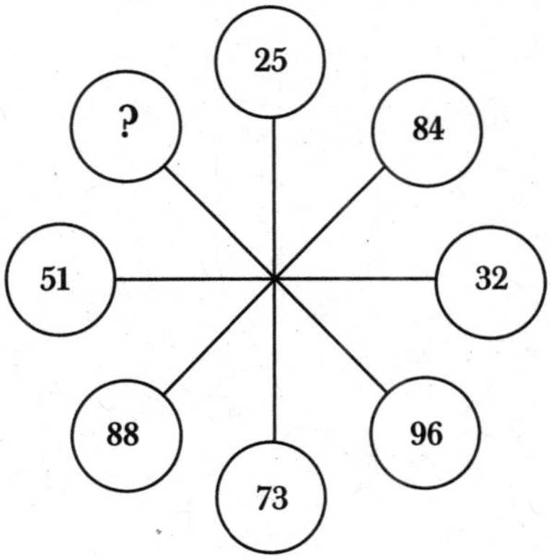

Énigme 215

Quelle lettre est immédiatement à gauche
de la lettre en deuxième place à droite
de la lettre en quatrième place à gauche
de la lettre en deuxième place à droite de la lettre C ?

A B C D E F G H

Énigme 216

Quel est l'intrus ?

PRESSE-CITRON, PERCEUSE,
COUPERET, VRILLE, FOREUSE

Énigme 217

Quels nombres doivent remplacer
les points d'interrogation ?

78	64	62	48	46	32
79	67	63	51	47	35
76	?	?	50	44	34
74	?	?	52	42	36
75	71	59	55	43	39
72	70	56	54	40	38

A

66	61
69	58

B

66	61
68	56

C

66	60
68	58

D

64	61
69	56

Énigme 218

Placez deux des groupes de trois lettres ensemble
pour former le nom d'une sorte de nourriture.

POT – MEL – CAR – SLI – OAT – WHE – MUE – ATE

Énigme 219

Quel est l'élément commun
à tous les mots ci-dessous ?

BRETELLE
IRIS
ENTRETIEN
PALAIS
BRIDGE
MULE
CANAPÉ
ARGENT

Énigme 220

Vous disposez d'un assortiment de poids gradués de 1 à 10.
Ce sont tous des poids uniques. Lequel devez-vous utiliser pour
équilibrer une balance de 3 m (10 pi) et où devez-vous le placer ?

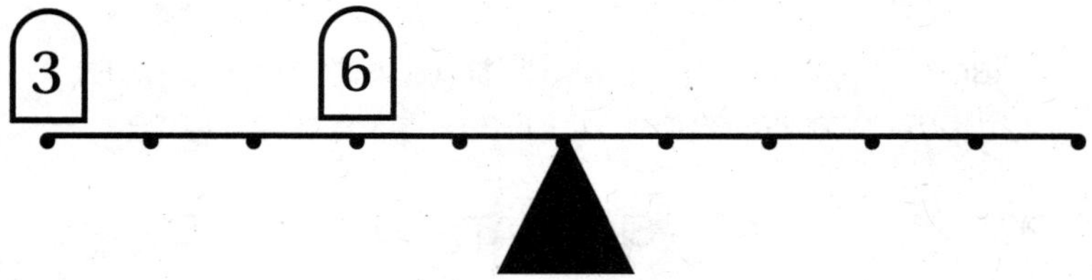

Énigme 221

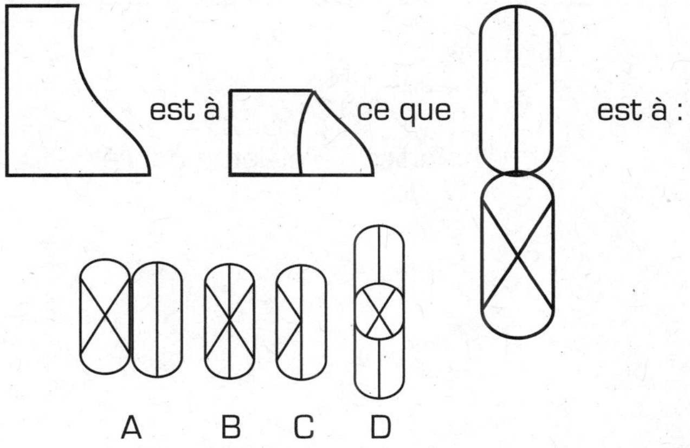

Énigme 222

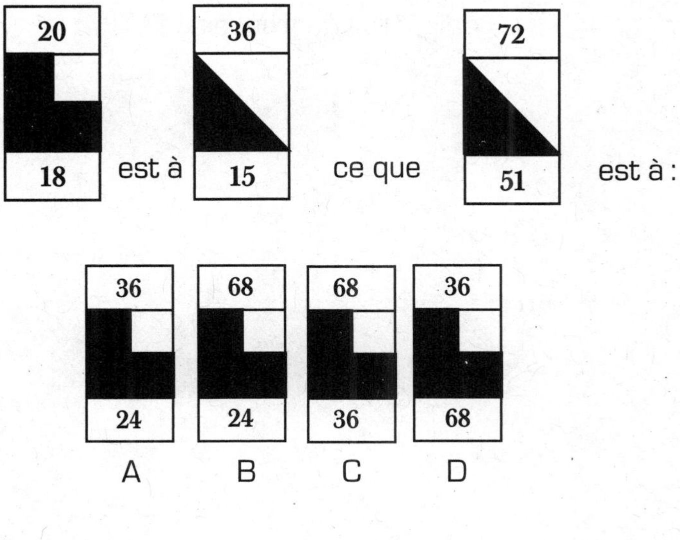

Énigme 223

Ce qui suit est extrait de quel mot composé ?

_ _ _ _ _E - IN_ _ _ _ _ _ _ _ _ _ _ _

Indice : Troisième degré

Énigme 224

REMAILLES est une anagramme
de quelle ville française ?

Énigme 225

Dans un jeu avec six joueurs, qui dure 50 minutes, deux réserves sont substituées pour chaque joueur de sorte que tous les joueurs, réserves incluses, sont sur le terrain pendant la même durée de temps.

Combien de temps chaque joueur passe-t-il sur le terrain ?

Énigme 226

Quel est l'élément suivant
dans la séquence ?

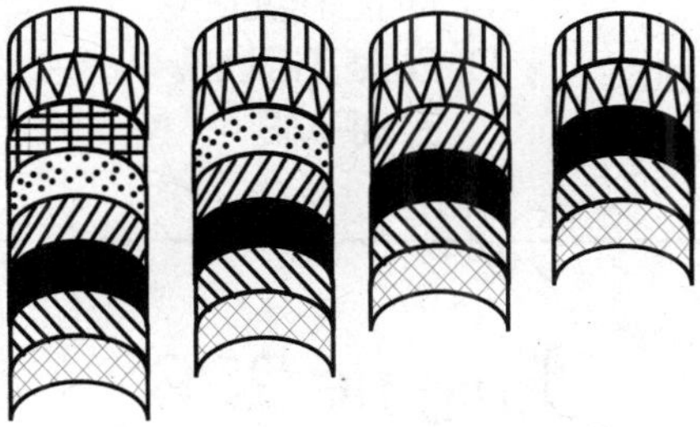

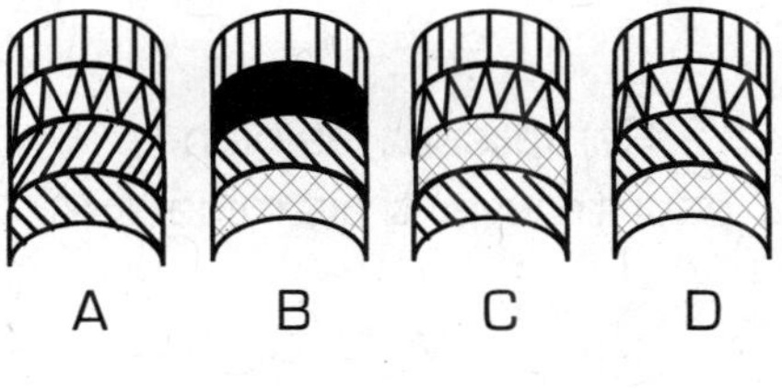

A B C D

Énigme 227

USAGE EXCESSIF : LIEU COMMUN

ZÉLÉ :

INSUFFISANT, SCHOLASTIQUE, IRRITABLE,
AUTORITAIRE, IMPÉRIEUX, EMPRESSÉ

Énigme 228

Quelle est la définition de TULLE ?

A. LÉGUME
B. TISSU DE SOIE
C. MYSTIQUE
D. ÉLASTIQUE
E. ARME

Énigme 229

Remplissez les blancs
pour trouver trois minéraux.

_L_M_N_U_
_A_N_S_U_
_A_G_N_S_

Énigme 230

Trouvez une anagramme à partir
des trois mots ci-dessous :

PRISE DE SON

Énigme 231

Quel arrangement de tuyaux
transporterait le plus d'eau ?

DIAMÈTRES :

20 cm (8 po)	3 x 10 cm (4 po)	2 x 15 cm (6 po)

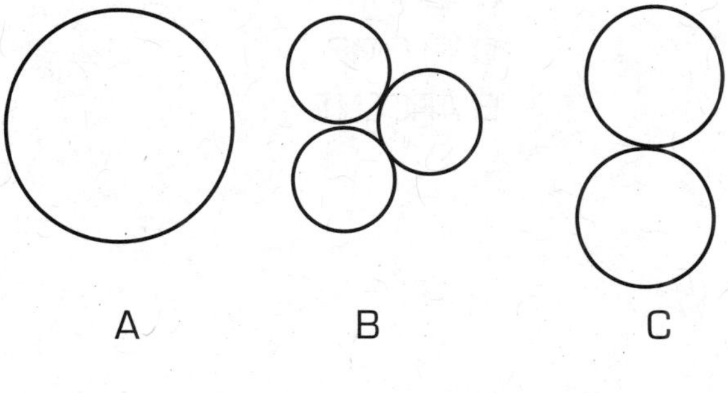

A B C

Énigme 232

Quels sont les intrus ?

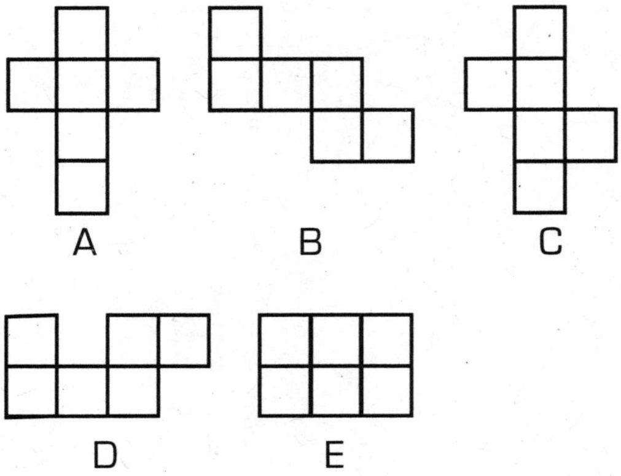

Énigme 233

Quel est le métal associé
avec la GALVANISATION ?

A. CUIVRE
B. BRONZE
C. ZINC
D. PLOMB
E. ARGENT

Énigme 234

En circulant par les ouvertures,
épelez un mot de huit lettres.

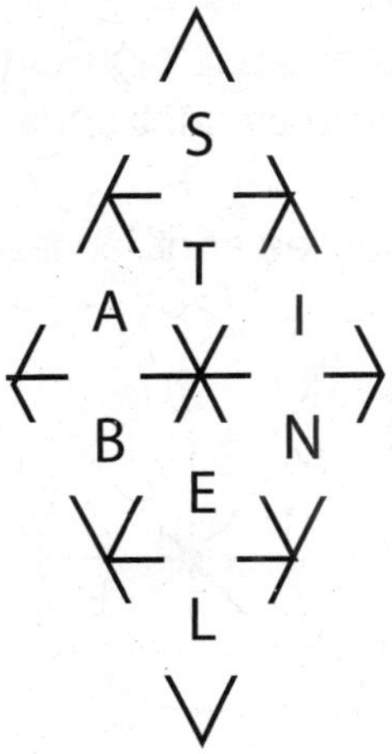

Énigme 235

Faites un mot à partir
des neuf lettres suivantes.

CANNAISES

Indice : En rapport avec la famille.

Énigme 236

Si les lettres manquantes dans le cercle ci-dessous sont correctement insérées, elles formeront un mot de huit lettres. Le mot ne devra pas être lu dans le sens des aiguilles d'une montre, mais les lettres sont consécutives.

Quel est le mot et quelles sont les lettres manquantes ?

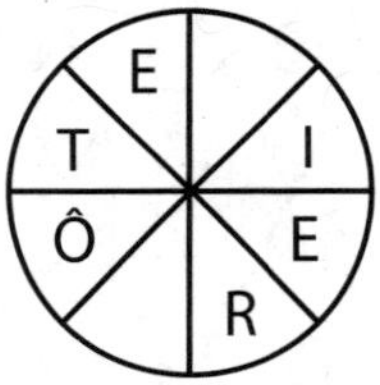

Énigme 237

Quel nombre remplacera le point d'interrogation ?

28 47 85 ? 218 313 427

Énigme 238

On a enlevé toutes les voyelles d'une phrase célèbre
et on a placé les consonnes restantes en groupes de trois lettres.
Quelle est cette phrase ? Toutes les consonnes sont dans le bon ordre.

PRR QRL NMS SPS MSS

Énigme 239

Quel nombre doit
remplacer le point d'interrogation ?

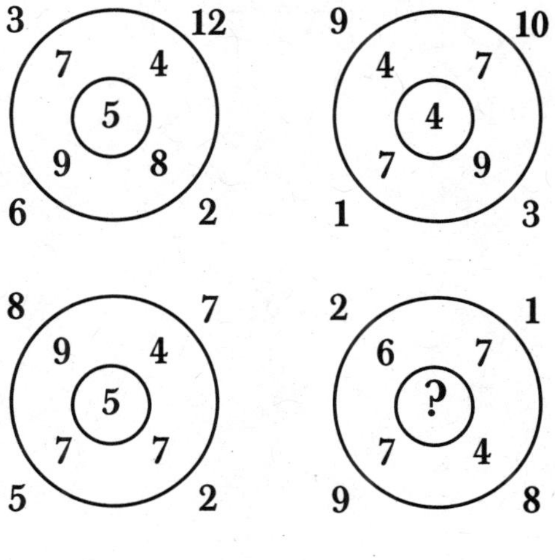

Énigme 240

Trouvez un mot de trois lettres qui complète les trois mots du côté gauche et joue le rôle de préfixe pour les trois mots du côté droit.

POUR		TENDRE
BEAU	(_ _ _)	TEXTE
DIA		AVIS

Énigme 241

Trouvez les lettres manquantes pour nommer ce que font les canards le plus souvent.

_A_B_T_R

Énigme 242

Quel mot est l'opposé de PIÉTÉ ?

A. RÉCONFORT
B. SAINTETÉ
C. BONTÉ
D. IRRÉVÉRENCE
E. PASSION

Énigme 243

Trouvez un fruit dont le nom de douze lettres
se compose de deux mots de six lettres.

Un mot à l'intérieur
Un mot à l'extérieur

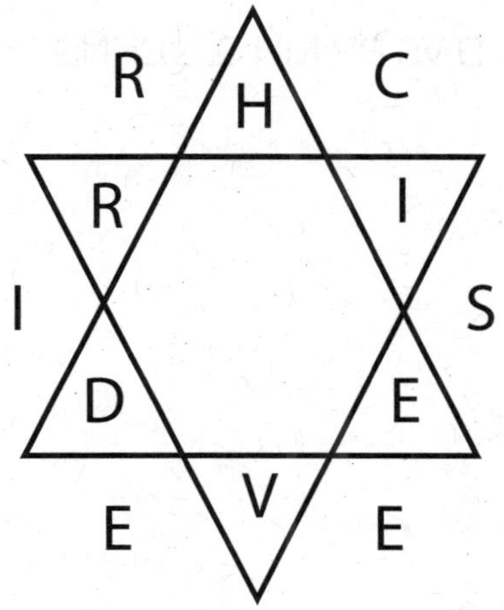

Énigme 244

Placez trois groupes de trois lettres ensemble
pour former un nom de véhicule de neuf lettres.

MBA, SED, RDE, ONE, GUI, ANN

Énigme 245

Les voyelles ont été omises dans cette
citation d'Alphonse Allais. Essayez de la recréer.

MPSSBL D VS DR MN G, L CHNG TT L TMPS

Énigme 246

Quel nombre doit remplacer
le point d'interrogation ?

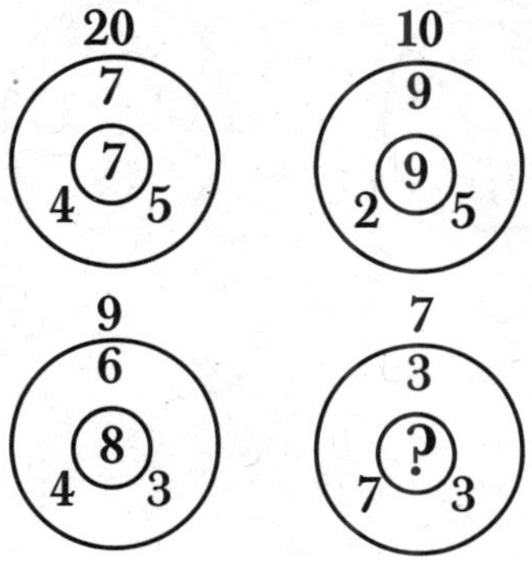

Énigme 247

Quel est l'élément suivant ?

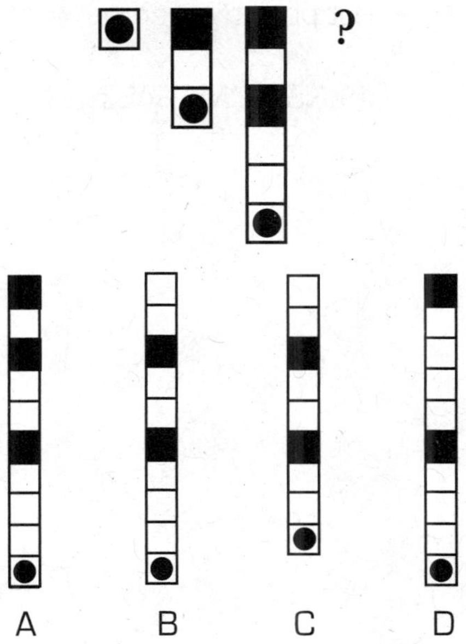

Énigme 248

Quel nombre manque dans le cercle de gauche ?

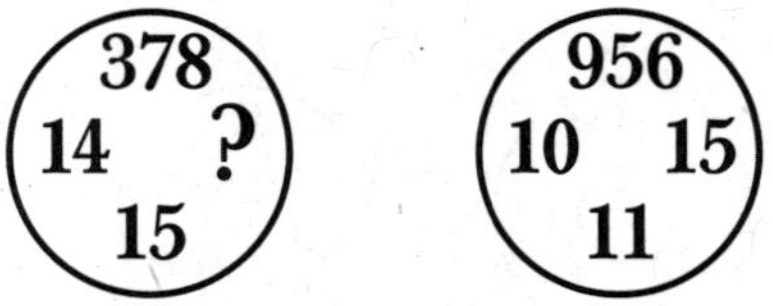

Énigme 249

Ajoutez deux lettres, pas nécessairement les mêmes,
à chaque mot pour trouver deux antonymes.

PENSER, MAGASINER

Énigme 250

Formez des paires avec les mots ci-dessous
pour former quatre mots plus longs.

LADE, ISSE, IGRE, MOUT,
VINA, GRIL, SAUC, ARDE

Énigme 251

Trouvez le nombre pour remplacer
le point d'interrogation ?

369542 est à 246359 ce que
172896 est à 268179 ce que
417638 est à ?

Énigme 252

Quel est le point commun à tous ces mots ?

LIBÉRATION
ÉCHINE
INITIALEMENT
RECONGELONS
FRAGRANCE
ROUSPÉTER
CLAUSTROPHOBIE

Énigme 253

Quelle lettre doit remplacer
le point d'interrogation ?

18	4	22
S	E	?
7	21	3

Énigme 254

Insérez les lettres des mots ÀPAÉ PELLETA dans les blancs suivants, une seule fois chacune, pour compléter une phrase qui se lit dans les deux sens, comme un palindrome.
Par exemple : LE SAC À SEL.

_ _'_ _ A_ _, É _ _T _-_ _

Indice : Palindrome de Louise de Vilmorin

Énigme 255

L'AUBE est au JOUR
ce que l'HIVER est au (à l') :

AUTOMNE, MOMENT,
NOIR, PRINTEMPS, ÉTÉ

Énigme 256

Quel nombre doit remplacer
le point d'interrogation ?

2	3	4	2
6	1	4	4
4	2	2	5
5	3	7	?

Énigme 257

Résolvez les indices pour trouver des mots de six lettres. Les trois lettres similaires sont représentées par X Y Z dans chaque mot.

XYZ_ _ _	Indice : Vite
XYZ _	Indice : Couvrir
_ _XYZ_	Indice : Glisser

Énigme 258

Quels sont les deux mots qui se prononcent
de la même façon mais s'écrivent différemment,
et qui signifient COURTE DISTANCE et AVANCE ?

Énigme 259

Quelles sont les lettres manquantes ?

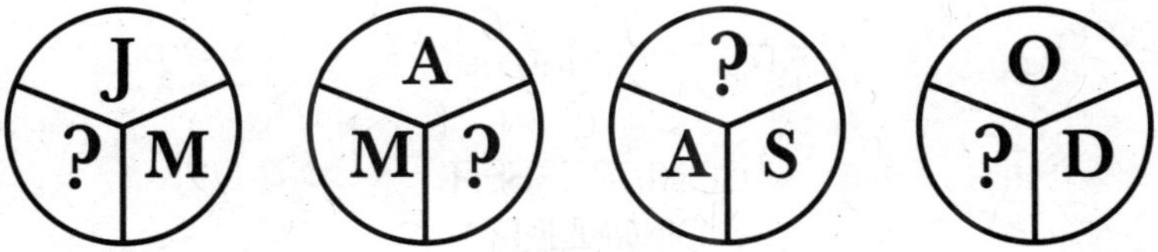

Énigme 260

Quel est l'intrus ?

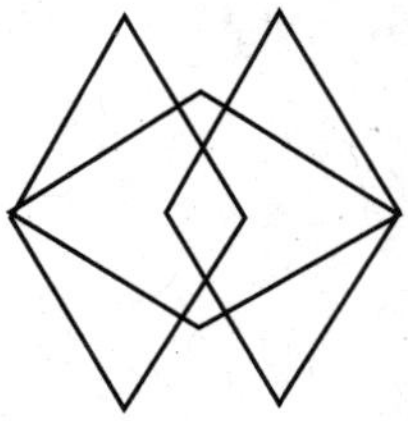

A

B

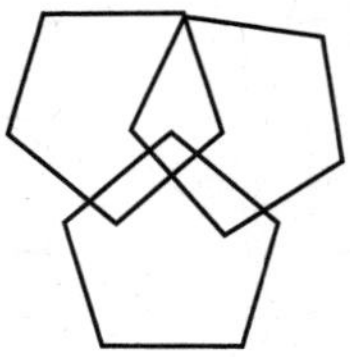

C

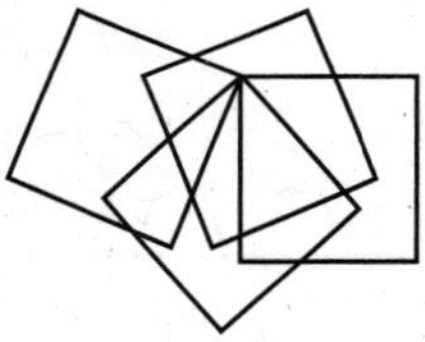

D

Énigme 261

Quel est l'intrus ?

COMPRESSER
DIMINUER
REFLUX
DISPARAÎTRE
RÉDUIRE

Énigme 262

Trouvez les consonnes pour
compléter ces synonymes.

_ É _ É _ E U _
_ _ A _ I _ A _ _ E
_ A _ _ A _ I _ E
_ _ É _ E _ _

Indice : Bienveillant

Énigme 263

Passez de lettre en lettre horizontalement
et verticalement, mais pas diagonalement,
pour épeler un mot de douze lettres. Vous devez
trouver le point de départ et fournir les lettres manquantes.

	M	N	E
R	E		R
I	S	O	

Énigme 264

Placez les lettres dans la grille pour découvrir
un animal à sang chaud et un animal à sang froid.

E E C F R M S U O

Énigme 265

Quel mot de quatre lettres placé à l'intérieur
des parenthèses complétera ces mots ?

(_ _ _ _) RAI   É (_ _ _ _) NT

Énigme 266

Placez deux des groupes de quatre lettres ensemble pour former un mot.

TURN, ANT, TACE, WACK, MÉCH, INGS

Énigme 267

Quel mot poursuivra la séquence ?

EN BERNE, ENLEVER, RIVERAIN, NOBLESSE, ÉPOQUE, ?

A. DOUBLON
B. EXCITANT
C. MACARONI
D. NUANCE
E. AUMÔNIER
F. CHATOUILLEUX

Énigme 268

Remettez les lettres en ordre pour
trouver le nom d'un vêtement de nuit.

A J M Y P A

Énigme 269

Convertissez cette fraction en une décimale.

$$\frac{7}{8} =$$

Énigme 270

La JAMBE est au PÉRONÉ
ce que le BRAS est au (à la/à l') :

A. COCCYX
B. THORAX
C. CLAVICULE
D. CUBITUS
E. OMOPLATE

Énigme 271

Réarrangez les lettres des deux mots ci-dessous pour former un mot qui signifie « Bon envers les inconnus ».

PILAS THORIE

Énigme 272

Quel mot est associé aux ABATS ?

A. PÂTÉ
B. PAIN
C. ENTRAILLES
D. HARENG FUMÉ
E. GINGEMBRE

Énigme 273

Quel mot peut être placé à la fin de
ces mots pour former de nouveaux mots ?

PILL
POT
ABAT _ _ _
APPRÊT
ALEVIN

Énigme 274

Quel est le symbole pour CHROME ?

A. C
B. Ch
C. Cr
D. Cm
E. Chm

Énigme 275

Trouvez les lettres manquantes pour découvrir le nom d'un type de salade.

_ É _ I - _ É _ O

Énigme 276

Trouvez les lettres manquantes pour former le nom de divers mets.

_A_B_R_E_

_A_S_R_L_

_P_G_E_T_

Énigme 277

Quel est l'antonyme du mot PANACHE ?

A. AMÉLIORE
B. ILLUMINE
C. EXIGU
D. DÉMENCE
E. SIMPLICITÉ

Énigme 278

Créez quatre paires de mots pour trouver l'intrus.

SOUVENIR
ÎLE
VERT
CARRÉ
SELS
POIVRON
FLOTTANTE
MAGIQUE
BAIN

Énigme 279

Quel mot est associé à GNOCCHI ?

A. SARDINE
B. FRAISE
C. MELON
D. TAPIOCA
E. DUMPLING

Énigme 280

À quel mot se réfère l'adjectif DIACONIQUE ?

A. LOSANGE
B. ENSEIGNANT
C. CONVERSATION
D. DIACRE
E. RICHESSE

Énigme 281

La CARTOPHILIE est une passion pour les

A. EMBOUCHURES
B. CARTES POSTALES
C. PONTS
D. PRISONS
E. PLANS

Énigme 282

Un homme peut tondre une pelouse en six heures et un autre peut tondre la même pelouse en trois heures. Combien de temps mettront-ils en travaillant ensemble à leur vitesse respective ?

Énigme 283

PÉDIFORME est à FORME DE PIED ce que CLAVIFORME est à :

A. FORME DE CROIX
B. FORME DE PALME
C. FORME DE MASSUE
D. FORME DE CARRÉ
E. FORME D'ÉPÉE

Énigme 284

Quel nombre doit logiquement
remplacer le point d'interrogation ?

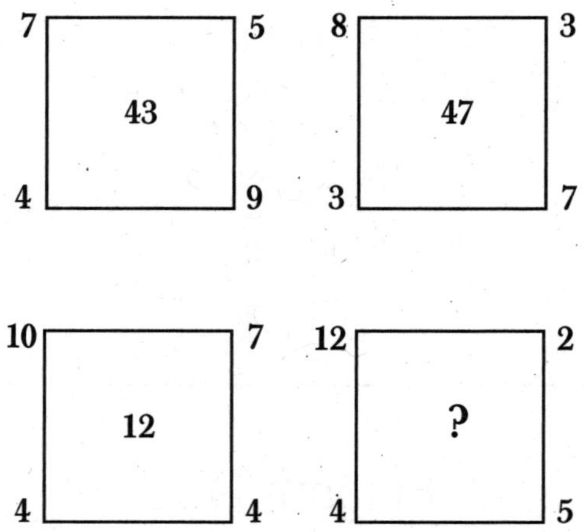

SOLUTIONS

TEST 1
INSIGNIFIANT

TEST 2
8. Le nombre du haut est le produit des nombres du bas divisé par 15.

TEST 3
TIRAILLER

TEST 4
C. C'est le seul qui n'a pas d'identique.

TEST 5
Le nombre de voix remportées par le candidat gagnant était (963 + 53 + 79 + 105) ÷ 4 = 300. Le second n'a remporté que 300 - 53 = 247, le troisième en a remporté 300 - 79 = 221 et le quatrième en a remporté 300 - 105 = 195.

TEST 6
DÉVELOPPE, PENTAGONE

TEST 7
FIN ET RAFFINÉ

TEST 8
VIN, VINGT

TEST 9
IMAGINAI, SENSIBLE

TEST 10
E. BÉLIER : MOUTON

TEST 11
E. Les lignes du troisième pentagone sont déterminées par les lignes des deux premiers. Toutes leurs lignes sont insérées, mais quand deux coïncident, elles deviennent une seule ligne courbe.

TEST 12
SORCIÈRE, HARPIE

TEST 13
44. La règle est que la multiplication et la division se font avant l'addition et la soustraction.

TEST 14
GRAMMARIDE = DIAGRAMME.
Les bâtiments sont STADIUM, TOUR, MASURE et PRISON.

TEST 15
E. FLEUR DE LYS

TEST 16
64. Le nombre du bas est le nombre du haut à droite multiplié par la racine carrée du nombre en haut à gauche.

TEST 17
LOCATAIRE, PROPRIÉTAIRE

TEST 18
B

TEST 19
523377. Tous les autres, lorsque coupés en nombre à trois chiffres, totalisent 1 000. (Par exemple : 586 + 414 = 1 000)

TEST 20
BEAGLE

TEST 21
FOUILLER, EXAMINER

TEST 22
DÉPASSER

TEST 23
B. Les traits des cercles externes tournent de 45° dans le sens des aiguilles d'une montre à chaque étape. Les traits du cercle du milieu tournent de 45° dans le sens inverse des aiguilles d'une montre à chaque étape. Le trait du cercle intérieur tourne de 45° dans le sens des aiguilles d'une montre à chaque étape.

TEST 24
A. Si un segment est plié par-dessus le segment opposé, les nombres en haut de chacun totalisent 10. (Par exemple, le segment du haut se plie sur le segment du bas de sorte que le 8 recouvre le 2, le 5 recouvre le 5 et le 7 recouvre le 3.)

TEST 25
151. La différence entre deux carrés consécutifs est la somme des deux nombres au carré. Donc c'est simplement 76 + 75.

TEST 26
COURT, COURS

TEST 27
A. EN POINTE

TEST 28
C. Chaque symbole alterne entre noir et blanc ou noir et gris. Les cercles de droite vont de coin en coin, l'un dans le sens des aiguilles d'une montre et l'autre, en sens inverse.

TEST 29
Casino

TEST 30
13. Commençant à 1 et avançant de deux segments dans le sens des aiguilles d'une montre donne la série 1, 2, 3, 5, 8, ?, 21. Chaque terme de la série est la somme des deux termes précédents.

TEST 31
VIOLON. C'est un instrument à cordes; les autres sont des instruments à vent.

TEST 32
ATRABILAIRE, HEUREUX

TEST 33
B. SOURCE LUMINEUSE : LUMIÈRE

TEST 34
ÉGLANTIER, RONCES

TEST 35
NETTE

TEST 36
E. Le second nombre est le premier chiffre du premier nombre multiplié par le second chiffre du premier nombre plus le troisième chiffre du premier nombre. 26 = 8 x 3 + 2.

TEST 37
B. Dans chaque rangée et colonne, le troisième cercle est formé des cercles 1 et 2 superposés, moins les parties qui coïncident.

TEST 38
17271. Chaque terme de la série est formé des deux premiers chiffres du terme précédent multipliés par les trois derniers chiffres du terme précédent. Donc 17271 = 19 x 909.

TEST 39
INVENTER, DÉSIGNER

TEST 40
BRUNE, ORANGE, BLEU

TEST 41
TAC

TEST 42
TAQUINERA

TEST 43
NAÏF, RUSÉ

TEST 44
E. Il contient un grand cercle, trois cercles moyens, deux petits cercles blancs et deux petits cercles noirs.

TEST 45
RATIONNEL

TEST 46
AVISÉ, IMPRUDENT

TEST 47
HÔTEL, AUTEL

TEST 48
B. Dans tous les autres, la moitié supérieure est l'image miroir de la moitié inférieure.

TEST 49
C. NAIZIN = ZINNIA. Les pierres précieuses sont RUBIS, DIAMANT, SAPHIR et ÉMERAUDE.

TEST 50
7. Le nombre du centre est le produit des deux nombres du haut divisé par le nombre du bas.

TEST 51
OXYGÈNE

TEST 52
ARME

TEST 53
NATATION. Les autres requièrent une balle ou un ballon.

TEST 54
MAGNÉTIQUE, ATTRAYANT

TEST 55
1. En commençant au premier 1 et en se déplaçant de un segment dans le sens des aiguilles d'une montre, on obtient la série 1, ?, 2, 4, 7, 11, 16, 22. La différence entre les termes de la série augmente de 1, c'est-à-dire que les différences sont : 0, 1, 2, 3, 4, 5 et 6.

TEST 56
D. SAPHIR : BLEU

TEST 57
1C

TEST 58
D. Les seconds et troisièmes nombres sont plus grands de 909 que les nombres à leur gauche.

TEST 59
VOLUME. Ses consonnes alternent avec ses voyelles.

TEST 60
CONSEIL, CONCLAVE

TEST 61
F. De gauche à droite, les lettres sautent deux, puis trois places dans l'alphabet. De haut en bas, elles sautent trois, puis quatre places.

TEST 62
TANGO, VALSE, RUMBA

TEST 63
ESCORTER, ATTENDRE

TEST 64
D. ALPHA : OMÉGA

TEST 65
B. Tous les autres sont les mêmes, mais tournés.

TEST 66
ADORENT = TORNADE. Les nuages sont CIRRUS, CUMULUS, STRATUS et NIMBUS.

TEST 67
PITANCE (petite quantité). Tous les autres ont trait au crime.

TEST 68
FRATERNITÉ

TEST 69
ROI

TEST 70
D. Les dessins se déplacent de deux coins dans le sens des aiguilles d'une montre à chaque étape et sont répétés, mais en noir au lieu d'en blanc.

TEST 71
BLEU PROFOND

TEST 72
36. En commençant à 4 et en se déplaçant de trois segments dans le sens inverse des aiguilles d'une montre, on obtient la séquence 4, 9, 16, 25, ?, 49, 64. Ce sont des carrés parfaits : 2^2, 3^2, 4^2, 5^2, 6^2, 7^2, 8^2.

TEST 73
D. 2 045 m^2. Chaque côté fait 49,5 m.

TEST 74
PASSE

TEST 75
SPACIEUX, ÉTRIQUÉ

TEST 76
C. Le second cercle est le premier pivotant à 180°.

TEST 77
RELEVANT, APPOSANT

TEST 78
OBSTINÉ, FLEXIBLE

TEST 79
131. Le nombre du centre est la somme des carrés des nombres extérieurs. $131 = 1^2 + 7^2 + 9^2$.

TEST 80
C. Le total pour C est 62. Le total pour A et D est 60 et le total pour B et E est 147. C est le seul qui n'a pas de paire.

SOLUTIONS

TEST 81
INCOMPÉTENT, CONVENABLE

TEST 82
D. Le point noir se déplace de deux coins dans le sens inverse des aiguilles d'une montre à chaque étape. Le triangle se déplace de deux côtés dans le sens des aiguilles d'une montre à chaque étape et est à l'intérieur et à l'extérieur du pentagone en alternance. Le rectangle se déplace de un côté dans le sens inverse des aiguilles d'une montre à chaque étape et est à l'intérieur et à l'extérieur du pentagone en alternance.

TEST 83
REPORTER, AVANCER

TEST 84
D

TEST 85
E. LAINE : ANGORA

TEST 86
MADISON

TEST 87
GRAVURE EN CREUX

TEST 88
RETABLE (partie postérieure et décorée d'un autel). Tous les autres ont trait à la cuisine.

TEST 89
DATE MÉMORABLE

TEST 90
41. Le nombre du centre est la différence entre les produits des deux diagonales. 41 = (13 x 7) – (10 X 5).

TEST 91
INSTIGATEUR

TEST 92
VENT

TEST 93
21. La règle est : les parenthèses d'abord, puis la multiplication avant l'addition et la soustraction.

TEST 94
DRAGON

TEST 95
KART, CARTE

TEST 96
E. Chaque cercle est formé des deux cercles en dessous de lui, superposés, moins les parties qui coïncident.

TEST 97
PAN

TEST 98
COSMIQUE (COMIQUE)

TEST 99
D. Dans chaque rang et colonne, le troisième carré est formé des carrés 1 et 2 superposés, moins les parties qui coïncident.

TEST 100
COMPLÈTE, DOUCETTE

TEST 101
55. Chaque nombre est le nombre au-dessus multiplié par 3 plus soit 2, 3 ou 4, selon la colonne dans laquelle il se trouve. 55 = 17 x 3 + 4. 169 = 55 x 3 + 4.

TEST 102
ISABELLE

TEST 103
SATURER, INONDER

TEST 104
CLANDESTIN

TEST 105
A. Le rectangle prend la place du carré et vice-versa, et l'élément au centre de chacun reste du côté où il était.

TEST 106
DIRECT

TEST 107
SPECTATEUR

TEST 108
CHASSE, CHÂSSE

TEST 109
KAKI (fruit). Tous les autres ont trait à la poésie.

TEST 110
21. En commençant à 6 et en sautant trois segments dans le sens des aiguilles d'une montre, on obtient la séquence 6, 7, 9, 12, 16, ?, 27. La différence entre les termes dans la séquence augmente de 1 à chaque fois.

TEST 111
126. (9! ÷ (5! X 4!)).
n! = 1 x 2 x 3 x 4 x ... x n.

TEST 112
DEXTÉRITÉ, GAUCHERIE

TEST 113
SUCIONS = COUSSIN. Les arbres sont PLATANE, SAULE, MÉLÈZE et CÈDRE.

TEST 114
E. Les moitiés à gauche des second et troisième nombres sont formées en ajoutant le premier et le troisième chiffre du nombre précédent. Les moitiés à droite sont formées en ajoutant les second et quatrième chiffres des nombres précédents. 12 = 3 + 9, 15 = 7 + 8, 2 = 1 + 1 et 7 = 2 + 5.

TEST 115
E

TEST 116
E. Les dessins passent de ABCDEFG à FCEAGBD.

TEST 117
COTTE, COTE

TEST 118
LIN

TEST 119
D. Dans chaque rang et colonne, le troisième carré est formé des parties 1 et 2 des carrés superposés qui coïncident.

TEST 120
AUTORISATION À COMMERCER (sous l'enseigne et dans le réseau commercial d'un franchiseur)

TEST 121
LIN

TEST 122
FORT. Tous les mots ont leurs lettres par ordre alphabétique.

TEST 123
M, N : DÉTERMINANTE

TEST 124
74. Le nombre au centre est la somme des inversions des nombres extérieurs.
74 = 37 + 12 + 25.

TEST 125
D

TEST 126
CLÉMENT

TEST 127
15. Le nombre du centre est la somme du nombre en haut à gauche, du nombre en haut à droite et du nombre en bas à droite, moins le nombre en bas à gauche.
15 = (17 + 4 + 9) – 15.

TEST 128
QUE LA FORCE SOIT AVEC TOI !

TEST 129
ASTRINGENT, SÉPARANT

TEST 130
PARASITE

TEST 131
HEXAGONE. C'est une figure plane ; les autres sont des solides.

TEST 132
AMOUREUX, INDIQUER

TEST 133
NELSON (double prise de tête à terre)

TEST 134
COL, DÉPRESSION

TEST 135
2B

TEST 136
SOUVENIR, BIBELOTS

TEST 137
3096. Le nombre du centre d'un rang est le produit des chiffres sur la gauche suivi par le produit des chiffres sur la droite.
30 = 5 x 2 x 3 ; 96 = 8 x 2 x 6.

TEST 138
A. MONTE = MONET. Les compositeurs sont ROSSINI, BIZET, GOUNOD et MAHLER.

TEST 139
C. Il contient des cercles de trois tailles différentes avec un point noir dans chacun d'eux.

TEST 140
30. Le nombre du dessus est le produit des deux nombres précédents.
11. Le nombre du bas est la somme des deux nombres précédents.
30 = 6 x 5; 11 = 6 + 5.

TEST 141
B. ABRÉVIATIONS, COMPRISES

TEST 142
AVENTURIER

TEST 143
ÉPHÉMÈRE, BREF

TEST 144
CYGNE. C'est un mâle; les autres sont des femelles.

TEST 145
CHAT, CHAS

TEST 146
CHAPITRE

TEST 147
4. Le nombre du centre est la différence entre la somme des trois chiffres de gauche et la somme des trois chiffres de droite. 4 = (6 + 11 + 2) – (5 + 9 + 1).

TEST 148
SOUPE

TEST 149
MINUSCULE, GARGANTUESQUE

TEST 150
MENUET

TEST 151
5/3 ou 1 2/3. La règle est : la multiplication d'abord, l'addition ensuite

TEST 152
ALGUES

TEST 153
CHOUCROUTE (chou). Tous les autres sont des saucisses.

TEST 154
C. Dans chaque rang et colonne, le troisième cercle est formé des cercles 1 et 2 superposés, moins les parties qui coïncident.

TEST 155
C. Tous les autres sont les mêmes, mais pivotés.

TEST 156
D. CARRÉ : OCTOGONE. Un octogone a deux fois plus de côtés qu'un carré comme un hexagone a deux fois plus de côtés qu'un triangle.

TEST 157
3 500 = 50 x 70.
50 = 5 + 9 + 3 + 17 + 1 + 15;
70 = 4 + 10 + 2 + 14 + 32 + 8.

TEST 158
BOUT. Les voyelles A, E, I, O et U sont répétées dans l'ordre.

TEST 159
B. Le grand arc se déplace à 90° dans le sens contraire des aiguilles d'une montre à chaque étape. L'arc du milieu se déplace à 90° dans le sens des aiguilles d'une montre à chaque étape. L'arc interne se déplace de 90° dans le sens des aiguilles d'une montre à chaque étape.

TEST 160
15. Dans chaque rang et colonne, le troisième nombre est le produit des deux premiers nombres divisé par quatre.

TEST 161
DÉMOCRATIQUE

TEST 162
STUPIDE

TEST 163
ROME N'A PAS ÉTÉ CONSTRUITE EN UN JOUR.

TEST 164
SOLDE

TEST 165
SENSATION FORTE

TEST 166
131 et 5/8. Chaque terme est 1½ fois le terme précédent.

TEST 167
MAÎTRE

TEST 168
26. En commençant à 10 et en sautant trois segments dans le sens des aiguilles d'une montre, on obtient la série 10, 11, 14, 19, ?, 35, 46. La différence entre les termes dans la série est la séquence des nombres impairs : 1, 3, 5, 7, 9, 11.

TEST 169
DROGMAN, INTERPRÈTE

TEST 170
BOULEAU, BOULOT

TEST 171
PÉTROLIER. Il fonctionne avec un moteur; les autres utilisent des voiles.

TEST 172
MOUCHER

TEST 173
PINA = PAIN. Les fleurs sont NARCISSE, TULIPE, ROSE et PENSÉE.

TEST 174
A. Chaque partie se déplace d'un nombre de degrés fixe dans le sens des aiguilles d'une montre, soit 0, 90 ou 180.

TEST 175
C. Il contient cinq petits cercles blancs et quatre cercles noirs, tandis que les autres contiennent quatre petits cercles blancs et cinq cercles noirs.

TEST 176
VOLATILE, CONSTANT

TEST 177
B. 96. Les nombres sont des carrés parfaits successifs (1, 4, 9, 16, 25, 36, 49, 64) partagés en groupes de deux chiffres.

TEST 178
ASTIQUER

TEST 179
MINIMAL

TEST 180
B. À chaque étape, le point noir se déplace de 45° dans le sens inverse des aiguilles d'une montre, le petit cercle blanc se déplace de 90° dans le sens des aiguilles d'une montre, le cercle de taille moyenne se déplace de 90° dans le sens des aiguilles d'une montre et le grand cercle se déplace de 45° dans le sens des aiguilles d'une montre.

TEST 181
C. OROGRAPHIE : MONTAGNES. L'orographie est une branche de la géologie qui traite des montagnes, et la sismologie, une branche de la science qui traite des tremblements de terre.

TEST 182
SUBMERGER

TEST 183
N. En commençant avec A, la séquence alterne entre sauter deux lettres et sauter une lettre.

TEST 184
FAIRE, FER

TEST 185
LIME

TEST 186
9. Le nombre du centre est le produit des nombres qui sont en haut à gauche, en haut à droite et en bas à droite, divisé par le nombre qui se trouve en bas à gauche. 9 = (9 x 3 x 4) ÷ 12.

TEST 187
FANES (feuilles). Tous les autres ont trait au vent.

TEST 188
LANCINATION, RÉPARATION

TEST 189
ONAGRE = ORANGE. Les légumes sont PATATE, POTIRON, POIREAU et ENDIVE.

TEST 190
Il y a 50 % des chances que deux pièces tombent côté face en haut. Il est sûr qu'au moins deux pièces atterriront du même côté. Donc il y a autant de chances pour que ces deux pièces soient côté pile ou côté face.

TEST 191
MULE

TEST 192
TIR

TEST 193
E. Chaque cercle est formé des deux cercles du dessous superposés, moins les parties qui coïncident.

TEST 194
11. Le nombre du centre est la différence entre le nombre en haut à droite et le nombre en bas à gauche divisé par la différence entre le nombre en haut à gauche et le nombre en bas à droite. 11 = (89 – 56) ÷ (21 – 18).

TEST 195
D. C'est le seul qui n'a pas d'identique. A est le même dessin que B. C est le même dessin que E.

TEST 196
INTRINSÈQUE, NATIF

TEST 197
AOÛT : Il a 31 jours; tous les autres mois ont 30 jours.

TEST 198
LIVRE

TEST 199
6. La somme des nombres de chaque colonne diminue de 1 de gauche à droite (24, 23, 22, 21, 20).

TEST 200
GERMAINE (MAIN)

TEST 201
D. À chaque étape, une ligne est ajoutée et le dessin est réfléchi.

TEST 202
ÉMÉRITE

TEST 203
Zéro. Il y a trois chaussettes blanches et une noire dans le tiroir. Les chances vont comme suit :
Paire de blanches = 0,5
Paire mélangée = 0,5
Paire noire = 0

TEST 204
MANIOC = CAMION. Les bateaux sont CARAVELLE, CABOTEUR, BARQUE et CUIRASSÉ.

TEST 205
APAISER

TEST 206
PIED

TEST 207
MARTIN-PÊCHEUR

TEST 208
RAT

TEST 209
NIPPON

TEST 210
PALPITER, TREMBLER

TEST 211
VIANDE

TEST 212
E

TEST 213
A, C, D, E.

TEST 214
GARDIENNAGE

TEST 215
B. 71364259. Les nombres se déplacent de la position ABCDEFGH à la position EGBDAHFC.

TEST 216
ARTISAN = SINATRA. Les instruments sont CORNET, BASSON, GUITARE et PIANO.

TEST 217
PLÉTHORE, PÉNURIE

TEST 218
E. Il contient une partie ombrée commune à deux dessins. Dans tous les autres cas, la partie ombrée n'appartient qu'à un dessin.

TEST 219
3. En commençant à 0 et en sautant un segment dans le sens des aiguilles d'une montre, on obtient la série 0, 1, ?, 6, 10, 15, 21. La différence entre les termes de la série est 1, 2, 3, 4, 5, 6.

TEST 220
ÉVINCER

TEST 221
MODULANT, RÉGULANT

TEST 222
726. Chaque nombre est produit en ajoutant le nombre précédent à son inverse. Par exemple,
33 = 12 + 21. 726 = 363 + 363.

TEST 223
GIBUS (chapeau). Tous les autres ont trait aux pattes des chevaux.

TEST 224
PILLAGE

TEST 225
SOIE

TEST 226
COUP

TEST 227
RUCES = SUCRE. Les modes de transport sont TRAIN, AVION, VÉLO et CAMION.

TEST 228
SUPERCHERIE

TEST 229
RENVOI

TEST 230
E

TEST 231
RUMINANT, SOUCIEUX

TEST 232
LA GRANDE ÉVASION

TEST 223
A. Les seconds et troisièmes nombres sont formés en ajoutant les deux chiffres du milieu du nombre précédent au nombre précédent. Par exemple, 3 515 =
46 + 3 469 et 3 566 = 51 + 3 515.

TEST 234
EXPÉRIMENTÉ

TEST 235
GRIPPER

TEST 236
D. C'est le seul qui n'a pas d'identique.

TEST 237
FORT

TEST 238
CACHÉ

TEST 239
NÉOPHYTE (novice). Tous les autres sont liés au ciel, à l'espace et au gaz.

TEST 240
Le plus petit numéro a des chiffres qui, multipliés, donnent 1, et additionnés donnent 2, à savoir 11. Le second plus petit numéro a des chiffres qui, multipliés donnent 2 et, additionnés, donnent 4, à savoir 112. Donc le numéro de la maison est 11 et il y a au plus 111 maisons.

TEST 241
B. Chaque pentagone est formé des deux pentagones du dessous superposés, moins les parties qui coïncident.

TEST 242
8. Chaque bloc de quatre carrés totalise 20.

TEST 243
CHEVAL

SOLUTIONS

TEST 244
CRISTULÉE (crêtée), HUPPÉE

TEST 245
SCELLÉ, SEL

TEST 246
AEONIUM = MOINEAU. Les poissons sont BAR, ANGUILLE, HARENG et RAIE.

TEST 247
EN FORME DE CŒUR

TEST 248
GADOUE

TEST 249
BEAU

TEST 250
E. Chaque bras pivote d'une quantité fixe à chaque étape.

TEST 251
A. Le point du carré supérieur gauche se déplace de un coin dans le sens inverse des aiguilles d'une montre à chaque étape. Le point du carré supérieur droit se déplace de un coin dans le sens inverse des aiguilles d'une montre à chaque étape. Le point du carré inférieur gauche se déplace de un coin dans le sens des aiguilles d'une montre à chaque étape. Le point du carré inférieur droit se déplace de un coin dans le sens des aiguilles d'une montre à chaque étape.

TEST 252
PARIS, ATHÈNES, MILAN

TEST 253
24. Inversez les chiffres du nombre précédent et enlevez le chiffre le plus élevé.

TEST 254
PITOYABLE

TEST 255
IMPIÉTÉ, ABUS

TEST 256
2. Le nombre du centre égale le nombre en haut à gauche divisé par le nombre en haut à droite multiplié par le nombre en bas à droite divisé par le nombre en bas à gauche. 2 = 6 ÷ 6 x 12 ÷ 6.

TEST 257
IMPROVISER. Tous les autres ont trait à l'extension.

TEST 258
D. Dans chaque rang et colonne, le troisième carré est formé du premier et du second superposés, moins les parties qui coïncident.

TEST 259
$\frac{3}{13}$

TEST 260
CLASSIFIER

TEST 261
67. Chaque nombre est obtenu en ajoutant tous les chiffres du nombre précédent au nombre précédent. 67 = 56 + 5 + 6.

TEST 262
SAUMON ROYAL

TEST 263
CON

TEST 264
FLEURON (petite fleur). Tous les autres sont des types de fenêtres.

TEST 265
NÉFASTE, PERNICIEUX

TEST 266
PERVERSE, PÉTULANT

TEST 267
ONCLES = ENCLOS. Les animaux sont MARSOUIN, LÉOPARD, RENARD et GIRAFE.

TEST 268
INTIME

TEST 269
EXAGÉRATION

TEST 270
B. C'est le seul qui n'a pas d'identique.

TEST 271
FRÉQUENT, RAREMENT

TEST 272
SAUTILLER

TEST 273
4. Le nombre en bas à droite est la somme des deux autres, divisée par huit. 4 = (18 + 14) ÷ 8.

TEST 274
CONDUIT, CONDUITE

TEST 275
HYPOTÉNUSE. Ce trait a rapport avec des triangles; les autres sont des traits en rapport avec des cercles.

TEST 276
E. Chaque rang et colonne contient un fond blanc, un fond noir et un fond gris, et trois anneaux avec celui du centre noir, celui du milieu noir et celui à l'extérieur noir.

TEST 277
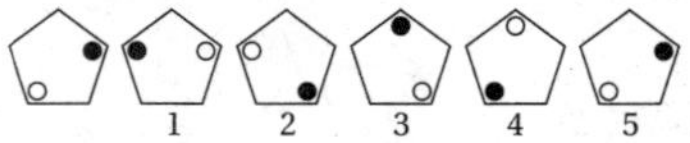

Jamais. À la cinquième étape, la série recommande indéfiniment.

TEST 278
ÉGIDE, PARRAINAGE

TEST 279
Le numéro de ma maison est 91, et j'ai 82 ans. (91 x 91 = 8 281)

TEST 280
RECONSTITUER

TEST 281
SATURANT, FILTRANT

TEST 282
POUR

TEST 283
MANUEL

TEST 284
5. Le nombre du milieu est le produit des chiffres en haut et en bas à gauche divisé par le chiffre en bas à droite. 5 = 11 x 10 ÷ 22.

TEST 285
POISSON

TEST 286
POILANTE = ANTILOPE. Les oiseaux sont PINSON, MOINEAU, AIGLE et GRIVE.

TEST 287
PUNAISE DES LITS

TEST 288
ÉPINETTE

TEST 289
36. La différence entre les termes de la série est une série de carrés. 4, 9, 16, 25, 36 (2^2, 3^2, 4^2, 5^2, 6^2).

TEST 290
D. Dans chaque rang et colonne, le troisième cercle est formé des cercles 1 et 2 superposés, moins les parties qui coïncident.

ÉNIGME 1
INSIGNIFIANT

ÉNIGME 2
30. 7 x 4 + 2 = 30

ÉNIGME 3
PUITN = PUNIT,
TONET = TONTE,
RUGNE = GRENU

ÉNIGME 4
D. La partie du dessin tout à fait à gauche va à l'intérieur du dessin de droite, et le reste se place au centre du schéma.

ÉNIGME 5
Tous les chiffres sont en paires d'anagrammes sauf 294 qui est donc l'intrus : 563-635, 916-196, 298-829, 594-945, 752-572, 671-176, 832-283.

ÉNIGME 6
Je ris tout le long de mon trajet jusqu'à la banque.

ÉNIGME 7
ATTRIBUER

ÉNIGME 8
592. Les chiffres 48375926 sont répétés dans le même ordre.

ÉNIGME 9
C. Chaque ligne de quatre cercles regroupe les quatre symboles.

ÉNIGME 10
Prendre le taureau par les cornes.

ÉNIGME 11
3. Les chiffres indiqués par les aiguilles augmentent de 7 à chaque fois – ex. : 12, 19, 26, 33.

ÉNIGME 12
6. Chaque ligne de quatre cercles totalise 17.

ÉNIGME 13
D. Une caractéristique faciale apparaît au centre quand il apparaît trois fois dans les cercles environnants.

ÉNIGME 14
D

ÉNIGME 15
C. DÉSESPOIR

ÉNIGME 16
C

ÉNIGME 17
TUTORIEL

ÉNIGME 18
MERCERIE

ÉNIGME 19
$\frac{5}{11} \div \frac{25}{22} = \frac{5}{11} \times \frac{22}{25} = \frac{2}{5}$

ÉNIGME 20
ASSOMBRIRA

ÉNIGME 21
29/40. Diviser le numérateur et le dénominateur par 25.

ÉNIGME 22
B. MUSOPHOBIE

ÉNIGME 23
C. DÎNER

ÉNIGME 24
36. Nous utilisons une base mathématique de 10. Si nous utilisons 8, nous obtenons 64 – 8 = 1. 2 = 0 (4 x 4 mod 10 = 16), mais 4 x 4 mod 8 = 20. Par conséquent, 3 – 6 (5 x 6 mod 10 = 30), mais 5 x 6 mod 8 = 36.

ÉNIGME 25
C.
A = CRYPTE
B = LIVRET
D = SCRIPT

ÉNIGME 26
6. Dans chaque colonne verticale, les trois plus petits nombres égalent le plus grand.

ÉNIGME 27
D. EXPERT

ÉNIGME 28
44. (8 x 7) = 56
(2 x 6) = 12
56 – 12 = 44

ÉNIGME 29
B. TIERCELET (oiseau)

ÉNIGME 30
C

ÉNIGME 31
TÉTANOS

ÉNIGME 32
22. Chaque nombre au centre d'une colonne ou d'une rangée est la somme des deux nombres qui l'encadrent.

ÉNIGME 33
VOL HABILE

ÉNIGME 34
VIANDE, RAGOÛT, TARTELETTE, SAGOU, HARICOT, FLAN, RIZ

ÉNIGME 35
MERCREDI

ÉNIGME 36
3. Tous les autres dessins ont une flèche qui pointe vers leur côté le plus court.

ÉNIGME 37
Sept morceaux :

ÉNIGME 38
« Plus on est de fous, plus on rit. »

ÉNIGME 39
12

ÉNIGME 40

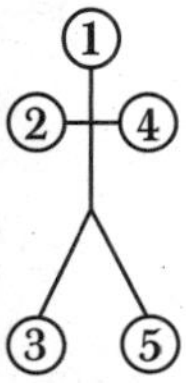

27. Additionner les chiffres du cercle 2 pour obtenir le nombre du cercle 1. Additionner les chiffres du cercle 1 pour obtenir le nombre du cercle 4. Multiplier les chiffres du cercle 2 pour obtenir le cercle 3. Multiplier les chiffres du nombre du cercle 3 pour obtenir le nombre du cercle 5.

ÉNIGME 41
1. Tous les trucs ont un trou au milieu.

ÉNIGME 42
12. 9 x 8 = 72 ÷ 6 = 12.
Par conséquent, 9 x 4 = 36 ÷ 3 = 12.

ÉNIGME 43
Ce sont tous des bâtiments : RELAIS (LISERA), TOUR (TROU), MAISON (AIMONS), ABRI (BRIA).

ÉNIGME 44
D. Dans tous les autres, le rectangle et le point noir sont à chaque bout de la flèche. Dans D, c'est le rectangle et le point blanc.

ÉNIGME 45
6¼. (5 X ½) x (10 X ¼)

ÉNIGME 46
COMANCHERO

ÉNIGME 47
C. BATTANT

ÉNIGME 48
ÉLU PAR CETTE CRAPULE.

ÉNIGME 49
C. RISQUE

ÉNIGME 50
315. Multiplier par 0,75, puis 0,5, puis 0,25, et répéter.

ÉNIGME 51
2. Les nombres représentent le nombre de rectangles dans lesquels ils se trouvent.

ÉNIGME 52
PERTINENT, APPARENTÉ

ÉNIGME 53
LITCHI

ÉNIGME 54
A. Maintenant chaque trait pointe vers un côté ou un coin différent.

ÉNIGME 55
PAN

ÉNIGME 56
32 $. Voyelles = 4 $; consonnes = 5 $.

ÉNIGME 57
8. Les segments correspondants de chaque cercle égalent 19.
Exemple : 6 + 11 + 2 = 19
7 + 5 + 7 = 19.

ÉNIGME 58
ARBITRES. Les lettres manquantes sont A et B.

ÉNIGME 59
C. 126,88 cm^2 (19,635 po^2)

ÉNIGME 60
E. TENDON

ÉNIGME 61
63. (9 X 9) – (6 x 3)

ÉNIGME 62
$\frac{1}{12}$; le chiffre total est 12

$$\frac{16 \times 9 \times 7 \times 2}{8 \times 18 \times 14 \times 12} = \frac{2{,}016}{24{,}192} = \frac{1}{12} = 12$$

ÉNIGME 63
Le cœur a des raisons que la raison ne connaît point.

ÉNIGME 64
C

ÉNIGME 65
D. Le X est à mi-chemin entre une boule noire et une boule blanche.

ÉNIGME 66
N et M pour épeler ÉNUMÉRANT

ÉNIGME 67
PASSAGES

ÉNIGME 68
ANCÊTRES

ÉNIGME 69
B et N pour épeler DÉBORDANT

ÉNIGME 70
ASTRAGALE

ÉNIGME 71
Ils contiennent tous les lettres ONE dans une certaine position :

_ON_E	_ON_E_	_O_NE_
ÉPONGE	PONTER	CORNET
BLONDE	CONTER	
FRONDE	DONNER	
BRONZE	SONNER	

ÉNIGME 72
Quatre façons.

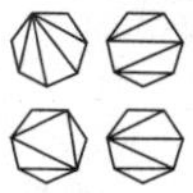

ÉNIGME 73
B. Ceci complète n'importe quel arrangement de quatre blocs, sans compter les rotations et les réflexions.

ÉNIGME 74
C. DOUX

ÉNIGME 75
2.

Dans chaque pentagone,
A + D = E + B + C.

ÉNIGME 76
JEAN

ÉNIGME 77
OCCUPANT, RÉSIDENT

ÉNIGME 78

ÉNIGME 79
4 146. Dans tous les autres, A x C = B et B + C = D. Par exemple : 3628 = ABCD. 3 x 2 = 6 et 6 + 2 = 8.

ÉNIGME 80

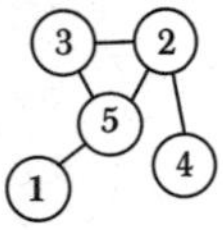

ÉNIGME 81
B. Le dessin est en miroir verticalement.

ÉNIGME 82
ABANDON, ABDIQUER, ABDOMEN, ABROGER, ABSTRAIT, ASTRAGALE, AUTOUR

ÉNIGME 83
AC(CORDE)ON

ÉNIGME 84
12. Additionner les trois nombres et inverser le résultat : 7 + 8 + 6 = 21.

ÉNIGME 85
IGNARE, SAVANT

ÉNIGME 86
D. Le dessin final à la fin de chaque rang et colonne est déterminé par le contenu des deux carrés précédents. Quand un symbole apparaît à la même place dans les deux carrés, il est continué mais change de croix à point et vice versa.

ÉNIGME 87
BARA, TUBA, LUTH, GONG. La paire de reste est : HA

ÉNIGME 88
32.
Simplifier : 5 + (8 ÷ 4) + (9 X 2) + 7 =
5 + 2 + 18 + 7 = 32
Ordre des opérations : x ÷ +

ÉNIGME 89
TENTATION

ÉNIGME 90
POURPOINT

ÉNIGME 91
BLAGUER, TAQUINER

ÉNIGME 92
C. Il contient le seul dessin d'un cône de crème glacée qui a deux cercles noirs dedans.

ÉNIGME 93
A

ÉNIGME 94
GENIÈVRE, POIVRONS, DIGITALE

ÉNIGME 95
C. 122 m (400 pi). 5^2 X 16 = 400

ÉNIGME 96
44. Commencez à 24, puis ajoutez 6, puis soustrayez 4, en tournant vers le centre.

ÉNIGME 97
B. 720. Prendre pi comme 22/7;
puis, 22/7 X 28 = 88 po =

$$\frac{1\,760 \times 3 \times 12}{88} = 720$$

ÉNIGME 98

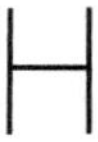

Ce sont des nombres de 1 à 8 sans les lignes horizontales du haut et du bas.

ÉNIGME 99
B. ∞

ÉNIGME 100
SARDAIGNE, MAURICE, MALOUINES

ÉNIGME 101
MENT

ÉNIGME 102
C

ÉNIGME 103
CHOU

ÉNIGME 104
AU : PERDREAU, AUVENT

ÉNIGME 105
D. La lettre précédant K est J, et la deuxième lettre précédant L et M, est, respectivement, J et K.

ÉNIGME 106
F. Toutes les faces qui ont un œil noir ont leur mèche à droite. Tous ceux qui ont un nez noir ont leur mèche à gauche. Tous ceux qui n'ont ni œil noir ni nez noir ont leur mèche toute droite.

ÉNIGME 107
MAÎTRESSE, IVRESSE

ÉNIGME 108
AUTO-ÉCOLE, DEMI-LITRE, NON-RETOUR, SOUS-MAIN

ÉNIGME 109
Moins 100 $

ÉNIGME 110
LE MOINS

ÉNIGME 111
1. La ligne du haut plus la ligne du bas égalent la ligne du milieu. 5 384 968 +
3 276 873 = 8 661 841.

ÉNIGME 112
B. AGATHA, pour compléter la séquence :
_ A _ _ B _ _
_ C _ _ D _ _
_ E _ _ F _ _
_ G _ _ H _

ÉNIGME 113
À BON CHAT, BON RAT

ÉNIGME 114
C

ÉNIGME 115
10 provinces au Canada

ÉNIGME 116
ARMADA
PARME
CHARME
DÉSARME

XYZ = ARM

ÉNIGME 117
8. La somme de chaque colonne de nombres augmente de 1 à chaque fois.

ÉNIGME 118

S	O	L	S	L	O	S	O
S	O	S	O	S	O	O	S
O	O	S	O	S	L	O	O
O	S	O	L	S	O	O	O
S	O	S	L	S	L	L	O
L	S	L	O	O	S	O	S
O	O	O	S	S	O	O	L
O	S	L	L	O	S	L	O

ÉNIGME 119
N et A pour épeler INITIANT

ÉNIGME 120
A. Il a seulement une extrémité ouverte; tous les autres en ont deux.

ÉNIGME 121
1. CAPACITÉ
2. CERVEAU
3. EXPLORANT
4. ACQUÉRANT

ÉNIGME 122
812. 6 + 2 = 8; 9 + 3 = 12

ÉNIGME 123
20. 6, 5, 2, 3, 4. Les côtés opposés totalisent toujours 7.

ÉNIGME 124
E. A est le même que C; B est le même que D.

ÉNIGME 125
B. DALMATIEN (chien). Les autres sont : A. ROUBLE, C. QUETZAL. D. GOURDE, E. ESCUDO, F. DINAR.

ÉNIGME 126
CABOTEUR

ÉNIGME 127
HÉRITE, NAUSÉE

ÉNIGME 128
JITTERBUG, QUADRILLE, POLONAISE

ÉNIGME 129
RAFFINÉ, GARÇONNIER

ÉNIGME 130
STAGNANT, INACTIVE. Les lettres manquantes sont : S, G, C et V.

ÉNIGME 131
E. BATEAU

ÉNIGME 132
X. 2 + 4 + 4 = 10 ou X

ÉNIGME 133
11½. Il y a deux séries :
(+ 1½)
7
8½
10
11½
(–2¾)
17
14¼
11½

ÉNIGME 134
E. ÉCHARPE

ÉNIGME 135
A. ICOSAÈDRE

ÉNIGME 136
D. 120°.
$\frac{360°}{6} = 60°$ = Angle au centre.

$180° - 60° = 120°$

ÉNIGME 137
$-2. \ \frac{(4 \times 2) - 6}{7\ (4 \times 2)} = \frac{2}{1} = -2$

ÉNIGME 138
E. CHATS

ÉNIGME 139
EAU

ÉNIGME 140
SOUBRETTE

ÉNIGME 141
C.
A = PRISÉS; B = CRÊPES; D = PRÉCIS

ÉNIGME 142
E. Nourriture

ÉNIGME 143
Ils contiennent tous des noms d'animaux : A(MULE)TTE, (ÉLAN)CEMENT, MO(RAT)OIRE, (ÉLÉPHANT)ESQUE

ÉNIGME 144
A. Ceci complète toutes les permutations possibles du carré original, où aucun des quatre symboles n'occupe la position qu'il avait dans le carré original.

ÉNIGME 145
B. ESCAPADE

ÉNIGME 146
BRISE-GLACE

ÉNIGME 147
Il a adoré Toronto. Il a détesté les endroits dont le nom comporte la lettre i.

ÉNIGME 148
21. Tous les autres sont en paires de ratio 1:3 : 15–45, 9–27, 18–54, 8–24.

ÉNIGME 149

8	6	2
4	T	7
5	1	3

ÉNIGME 150
VIGOGNE. Tous les autres sont faits par l'homme.

ÉNIGME 151
AVÉRER, RÊVER À

ÉNIGME 152
7

	14			11
	2		6	
	⑦		4	10

ÉNIGME 153
B. Le rectangle moyen se déplace de gauche à droite à chaque étape.

ÉNIGME 154
EAU, MOUVEMENT

ÉNIGME 155
G. Commencez à la lettre R de gauche et lisez dans le sens des aiguilles d'une montre chaque second segment pour épeler le mot « RÉGULER ».

ÉNIGME 156
C. C'est une image miroir du carré opposé.

ÉNIGME 157
9. 40 - 31 = 9 Trente et une personnes paient 2,27 $ chacune. 2,27 $ X 31 = 70,37 $.

ÉNIGME 158
LA PAIX

ÉNIGME 159
3 205

ÉNIGME 160
A

ÉNIGME 161
CHAIR, IGUANE

ÉNIGME 162
A. 0,857. Les nombres se lisent comme suit : ½, 2/3, ¾, 4 /5, 5/6, 6/7.

ÉNIGME 163
PINSON

ÉNIGME 164
$\frac{6}{7.}$ $\frac{1}{3} \div \frac{7}{18} = \frac{1}{3} \times \frac{18}{7} = \frac{6}{7}$

ÉNIGME 165
C. Les autres exemples comprennent des paires de nombres et un de leurs facteurs.
A. 13 X 4 = 52
37 x 10 = 370
23 x 5 = 115
B. 22 x 4 = 88
16 x 7 = 112
17 x 8 = 136
C. 15 x 6 = 90
24 x 6 = 144
19 x 10 = 190, pas 290

ÉNIGME 166
1. S; c'est la seule lettre qui n'a pas de lignes droites.
2. N; c'est la seule lettre qui a seulement des lignes droites.
3. D; c'est la seule lettre qui n'a pas que des lignes droites.

ÉNIGME 167
C. CALEBASSE (fruit)

ÉNIGME 168
PIGEON RAMIER

ÉNIGME 169

Les cercles sont en séries de trois dans des ordres différents :

ÉNIGME 170
ROITELET

ÉNIGME 171
A. HODOPHOBIE

ÉNIGME 172
LAMA, RAT, OURS

ÉNIGME 173
C. 108°. $\frac{360°}{5}$ = 72° = Angle au centre.
180° - 72° = 108°.

ÉNIGME 174
3½. (5 X 1/10) + (12 x ¼)

ÉNIGME 175
ENRACINÉE

ÉNIGME 176
1365 =

$$\frac{15 \times 14 \times 13 \times 12 \times 11 \times 10 \times 9 \times 8 \times 7 \times 6 \times 5}{1 \times 2 \times 3 \times 4 \times 5 \times 6 \times 7 \times 8 \times 9 \times 10 \times 11}$$

ÉNIGME 177
L est séparé de E et de S, de B et de V, et de G et de Q, par le même nombre de lettres.

ÉNIGME 178
0,375

ÉNIGME 179
J'ai tapé sur la tête d'un clou.

ÉNIGME 180
48 km/h (30 mi/h).
338 km (210 mi) ÷ 48 km/h (30 mi/h) = 7 heures
338 km (210 mi) ÷ 35 km/h (35 mi/h) = 6 heures

ÉNIGME 181
D. Les autres sont tous les mêmes, mais pivotés.

ÉNIGME 182
8. Dans chaque rang et chaque colonne, les sommes des nombres alternés sont les mêmes. Par exemple :
9 + 6 = 4 + 11; 9 + 5 = 3 + 11.

ÉNIGME 183
DÉCHARNÉ

ÉNIGME 184
SEPTEMBRE. Commencez à JANVIER et sautez un mois, puis deux mois, puis trois mois, etc.

ÉNIGME 185
D. En travaillant dans le sens inverse des aiguilles d'une montre au niveau des cercles les plus grands, le quadrant ombré se déplace de une place à chaque étape dans le sens des aiguilles d'une montre. En travaillant dans le sens des aiguilles d'une montre au niveau des cercles plus petits, le quadrant ombré se déplace de une place à chaque étape dans le sens inverse des aiguilles d'une montre.

ÉNIGME 186
150.
38 x 2 (+ 2) = 78
39 x 2 (+ 2) = 80
58 x 2 (+ 2) = 118
74 x 2 (+ 2) = 150

ÉNIGME 187
FACULTÉ

ÉNIGME 188
GEORGETTE. RETTE GOGE est une anagramme de Georgette comme RARE LION est une anagramme de Lorraine.

SOLUTIONS

ÉNIGME 189
B. Dans tous les autres dessins, la figure géométrique extérieure est la même que celle du centre.

ÉNIGME 190
A. La balle rouge

ÉNIGME 191
QUI AIME BIEN CHÂTIE BIEN.

ÉNIGME 192
STRATAGÈME

ÉNIGME 193
77. Après le troisième nombre, chaque nombre est le total des trois nombres précédents.

ÉNIGME 194
5. 6 x 9 = 54
54 - 5 = 49
De même, (7 x 4) - 4 = 24
(3 x 9) - 8 = 19

ÉNIGME 195
15. Nous utilisons une base mathématique de 10. Si nous utilisons 7, nous obtenons 49 - 7 - 1. Par conséquent, 2 - 4 (3 x 6 mod 10 = 18), mais 3 x 6 mod 7 = 24. 1 - 5 (4 x 3 mod 10 = 12), mais 4 x 3 mod 7 = 15.

ÉNIGME 196
5.

$$\frac{24}{1 + 4 + 3} = 3$$

$$\frac{18}{1 + 4 + 1} = 3$$

$$\frac{30}{1 + 4 + 5} = 3$$

ÉNIGME 197
HILDEGARDE

ÉNIGME 198
BRACONNER

ÉNIGME 199
C. 10

ÉNIGME 200
CONTREFAIT

ÉNIGME 201
ODIEUX, TUERIE

ÉNIGME 202
D 

ÉNIGME 203
7½.
Il y a deux séries :
(+ 2¼) 1 3¼ 5½ 7¾
(- 1½) 12 10½ 9 7½

ÉNIGME 204
TRANSACTIONS

ÉNIGME 205
27/40. Divisez le haut et le bas par 25.

ÉNIGME 206
ADÈLE, ANNIE, ÉLISA, ÉRICA

ÉNIGME 207
AIGUILLEUR, GONDOLIER, MANNEQUIN

ÉNIGME 208

Les nombres augmentent par 1, 2, 3, etc. La différence entre les lettres est 2, 3, 5 et 8, respectivement, selon le nombre dans le losange précédent.

ÉNIGME 209
FOU

ÉNIGME 210
B. 15

ÉNIGME 211

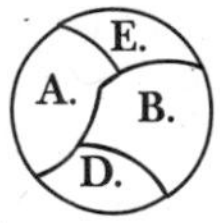

ÉNIGME 212
ABSCONS, SOMBRE

ÉNIGME 213
B.
A = OURS (PARCOURS)
C = LOUP (LOUPÉ)
D = PORC (PORCHE)
E = POU (POUVAIT)

ÉNIGME 214
310. Si on regarde les cercles :
25 et 32 = 84
si on additionne le 5 et le 3 = 8
et les deux 2 = 4
32 et 73 = 96
si on additionne le 2 et le 7 = 9
et les deux 3 = 6
73 et 51 = 88
si on additionne le 3 et le 5 = 8
et le 7 et le 1 = 8
Par conséquent : 51 + 25 = 310
si on additionne le 1 et le 2 = 3
et les deux 5 = 10

ÉNIGME 215
B

ÉNIGME 216
COUPERET. C'est un outil pour couper alors que les autres sont des outils pour percer ou écraser.

ÉNIGME 217
C

66	60
68	58

78	64	62	48	46	32
79	67	63	51	47	35
76	66	60	50	44	34
74	68	58	52	42	36
75	71	59	55	43	39
72	70	56	54	40	38

Allez de 32 à 78 par la route indiquée dans la séquence : + 3, - 1, + 2.

ÉNIGME 218
MUESLI

ÉNIGME 219
Tous sont à double sens : BRETELLE (accessoire, voie de raccordement), IRIS (plante, partie de l'œil), ENTRETIEN (conversation, nettoyage), PALAIS (château, voûte buccale), BRIDGE (jeu, prothèse dentaire), MULE (âne, chausson), CANAPÉ (amuse-gueule, siège), ARGENT (monnaie, couleur)

ÉNIGME 220
9.

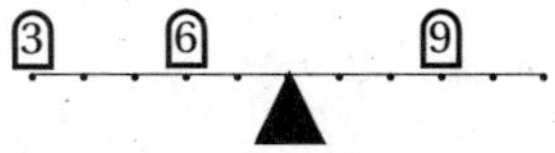

3 x 5 = 15 9 x 3 = 27
6 x 2 = 12
27

ÉNIGME 221
B. La moitié supérieure est pliée sur la moitié inférieure.

ÉNIGME 222
C. Les parties ombrées représentent 0,75 et 0,5.
72 x 0,5 = 36
68 x 0,75 = 51

ÉNIGME 223
CONTRE-INTERROGATOIRE

ÉNIGME 224
MARSEILLE

ÉNIGME 225
37,5 minutes.
$\frac{50 \times 6}{8} = \frac{300}{8} = 37{,}5$

ÉNIGME 226
D. Le troisième rang depuis le haut disparaît à chaque étape.

ÉNIGME 227
EMPRESSÉ

ÉNIGME 228
B. TISSU DE SOIE

ÉNIGME 229
ALUMINIUM, MAGNÉSIUM, MANGANÈSE

ÉNIGME 230
DÉPRESSION

ÉNIGME 231
C

ÉNIGME 232
D et E. Ils ne peuvent pas être pliés en un cube.

ÉNIGME 233
C. ZINC

ÉNIGME 234
INSTABLE

ÉNIGME 235
NAISSANCE

ÉNIGME 236
HÔTELIER.
Les lettres manquantes sont H et L.

ÉNIGME 237
142. Les différences sont :

1 x 19	2 x 19	3 x 19
19	38	57
4 x 19	5 x 19	6 x 19
76	95	114

ÉNIGME 238
Pierre qui roule n'amasse pas mousse.

ÉNIGME 239
4. Soustrayez la somme des nombres à l'intérieur de la somme de ceux à l'extérieur.
(6 + 7 + 7 + 4) – (2 + 1 + 9 + 8)

ÉNIGME 240
PRÉ

ÉNIGME 241
BARBOTER

ÉNIGME 242
D. IRRÉVÉRENCE

ÉNIGME 243
CERISE D'HIVER

ÉNIGME 244
GUIMBARDE

ÉNIGME 245
Impossible de vous dire mon âge, il change tout le temps.

ÉNIGME 246
9.
$\frac{3 \times 7 \times 3}{7}$

ÉNIGME 247
A. Le point se déplace vers le bas à chaque étape, d'abord sautant un carré, puis deux, puis trois. Un carré devient noir lorsqu'il a été visité par le point.

ÉNIGME 248
11. Le cercle de droite contient la somme des paires de chiffres du nombre à trois chiffres du cercle de gauche, et vice versa – p. ex., 378. 3 + 7 = 10; 3 + 8 = 11; 7 + 8 = 15.

ÉNIGME 249
DÉPENSER, EMMAGASINER

ÉNIGME 250
GRILLADE, MOUTARDE, SAUCISSE, VINAIGRE

ÉNIGME 251
468137. Les nombres pairs, puis les nombres impairs du premier nombre, sont placés en ordre ascendant pour former le second nombre.

ÉNIGME 252
Ils contiennent tous un nom de pays :
LIBÉRATION : IRAN;
ÉCHINE : CHINE;
INITIALEMENT : Italie;
FRAGRANCE : FRANCE;
RECONGELONS : CONGO;
ROUSPÉTER : PÉROU;
CLAUSTROPHOBIE: AUTRICHE.

ÉNIGME 253
W. Dans l'alphabet, il y a 22 lettres avant lui et 3 lettres après.

ÉNIGME 254
À L'ÉTAPE, ÉPATE-LA.

ÉNIGME 255
PRINTEMPS

ÉNIGME 256
2. Que ce soit horizontalement ou verticalement, la somme de chaque paire de nombres augmente de un par rapport à la paire précédente.

ÉNIGME 257
XYZ = RAP, RAPIDE, DRAPER, DÉRAPE

ÉNIGME 258
PRÈS, PRÊT

ÉNIGME 259
F, J, J, N. Ce sont les initiales des mois de l'année.

ÉNIGME 260
D. Tous les autres dessins sont composés de trois figures géométriques identiques; D en compte quatre.

ÉNIGME 261
REFLUX

ÉNIGME 262
GÉNÉREUX, CHARITABLE, MAGNANIME, CLÉMENT

ÉNIGME 263
EMPRISONNERA. Les lettres manquantes sont P, N et A.

ÉNIGME 264
CERFS, MORUE

ÉNIGME 265
MINE : MINERAI, ÉMINENT

ÉNIGME 266
MÉCHANTE

ÉNIGME 267
B. EXCITANT. Chaque mot commence par la dernière lettre du mot précédent.

ÉNIGME 268
PYJAMA

ÉNIGME 269
0,875

ÉNIGME 270
D. CUBITUS

ÉNIGME 271
HOSPITALIER

ÉNIGME 272
C. ENTRAILLES

ÉNIGME 273
AGE

ÉNIGME 274
C. Cr

ÉNIGME 275
MÉLI-MÉLO

ÉNIGME 276
HAMBURGER, CASSEROLE, SPAGHETTI

ÉNIGME 277
E. SIMPLICITÉ

ÉNIGME 278
SOUVENIR.

SELS	BAIN
POIVRON	VERT
ÎLE	FLOTTANTE
CARRÉ	MAGIQUE

ÉNIGME 279
E. DUMPLING

ÉNIGME 280
D. DIACRE

ÉNIGME 281
B. CARTES POSTALES

ÉNIGME 282
2 heures. $6\ h = \frac{1}{6} = 0{,}167$

$3\ h = \frac{1}{3} = 0{,}333$

$0{,}167 + 0{,}333 = 0{,}5$

$\frac{1}{0{,}5} = 2$

ÉNIGME 283
C. FORME DE MASSUE

ÉNIGME 284
52. (12 x 5) = 60 – (4 x 2) = 52

Qu'est-ce que Mensa[MD] ?

Mensa[MD] La société à haut QI

Mensa est la société internationale des personnes à haut QI. Nous avons plus de 100 000 membres dans plus de 40 pays dans le monde entier.

Les buts de la société sont les suivants :
• identifier et favoriser l'intelligence humaine pour le bénéfice de l'humanité;
• encourager la recherche dans le domaine de l'intelligence : sa nature, ses caractéristiques et ses utilisations;
• fournir un environnement intellectuel social stimulant pour ses membres.

Quiconque ayant un QI dans les 2 % supérieurs de la population est admissible pour devenir un membre de Mensa. Êtes-vous « l'un des 50 » que nous recherchons?

L'adhésion à Mensa offre une excellente gamme d'avantages :

• Réseautage et activités sociales au niveau national et dans le monde entier;
• Groupes d'intérêt spéciaux (des centaines d'occasions de vous adonner à vos passions et intérêts – de l'art à la zoologie !);
• Mensuel international, magazines nationaux et réunions et conférences régionales, nationales et internationales;
• Réunions locales – des défis de jeux à de simples cocktails; conférences et des séminaires stimulants intellectuellement;
• Accès au réseau mondial SIGHT pour voyageurs et invités.

Découvrez un aperçu du livre
Remue-méninges
de Stéphane Lepage
paru dans la même collection.

COMMENT JOUER ...

DÉGRINGOLADE

Étape nº 1. Replacez en ordre les lettres de chaque mot.

Étape nº 2. En suivant l'ordre des mots, repérez votre mot dans la grille de la façon suivante :

P	M	E	R	F	P	B	E	R	E
E	I	O	T	A	C	S	O	A	O
U	L	T	S	U	U	S	U	S	T
L	R	V	U	S	O	M	T	O	I
E	S	R	N	E	C	O	R	E	O
U	A	S	H	I	E	I	U	E	F
R	E	R	R	U	R	O	O	U	S
U	E	S	A	T	B	I	E	W	E
A	O	L	E	R	E	O	T	P	N
E	T	I	E	M	K	L	E	T	E

- **La première lettre se trouve sur la première ligne, la deuxième lettre, sur la deuxième ligne et ainsi de suite.**
- **Attention : Les lettres dans la grille ne sont pas en position diagonale ou verticale; une lettre peut donc être placée dans la ligne 1 case 3 et la suivante, dans la ligne 2 case 6, jusqu'à la fin.**
- **Lorsqu'une ligne est terminée, passez à la prochaine ligne où il reste des lettres non encerclées.**

Étape nº 3. À la fin, il vous restera un charivari de lettres à replacer dans le bon ordre pour obtenir la réponse du jeu.

L'ENTRE DEUX

B R	E P	S L	L S	E P
A E	T L	O U	I X	L E
S T	U E	R S	S R	S E
E F	■	S D	E C	V S
■	■	■	■	S E

Il y a 2 lettres dans chacune des cases dans ce diagramme.
Vous devez choisir une lettre seulement pour chaque case.
Ces lettres formeront un mot qui se trouve toujours à l'horizontale et à la verticale (vers le bas).

Attention, c'est plus difficile qu'on pense !

MOTS CODÉS

Dans cette grille, les lettres ont été remplacées par des chiffres, un même chiffre représentant toujours la même lettre.
Pour débuter, servez-vous des lettres déjà indiquées.
Les mots sont séparés par une case noire.

1 A	2 R	3 O	4 M	1	5
10	1	5	1	11	■
9	6	8	2	13	8
6	11	■	9	14	4

GRILLE MAGIQUE

	8		=25
			=19
			=31
=22	=23	=30	

Vous devez trouver les chiffres manquants dans les cases vides en plaçant les chiffres fournis. Le total de chacune des lignes est indiqué au bout de celle-ci.

1												
2	O	V	O	U	D	O	A	I	C	I	R	O
3	D	R	U	I	E	R	Z	L	I	E	I	R
4	E	E	T	T	N	S	Z	E	E	L	S	D

UN MOT DE PLUS

Complétez les mots verticaux de 3 ou 4 lettres pour pouvoir lire horizontalement le nom d'un personnage connu.

L'ASTUCIEUX

Vous devez remplir le diagramme avec tous les mots qui se trouvent dans la liste de mots. La première lettre d'un groupe de mots se place toujours dans la case qui porte le numéro correspondant. À vous de trouver comment placer les mots. On peut lire les mots dans toutes directions : horizontalement (vers la droite ou vers la gauche), verticalement (vers le haut ou vers le bas) ou diagonalement. Les lettres de différents mots peuvent être utilisées pour plus d'un mot. Nous avons commencé le diagramme pour vous. Une fois le diagramme terminé, toutes les cases seront remplies.

7			I			
		8 L	O	U	E	R
	11	A	12	13		
		I				
		N				
		E				
	19					20

MOTS ENTRE CROISÉS

Répondez à la question posée et inscrivez votre réponse dans les cases appropriées.

Nº 1

Thème : Dans la cuisine

8 lettres cachées

P	M	E	R	F	P	B	E	R	E
E	I	O	T	A	C	S	O	A	O
U	L	T	S	U	U	S	U	S	T
L	R	V	U	S	O	M	T	O	I
E	S	R	N	E	C	O	R	E	O
U	A	S	H	I	E	I	U	E	F
R	E	R	R	U	R	O	O	U	S
U	E	S	A	T	B	I	E	W	E
A	O	L	E	R	E	O	T	P	N
E	T	I	E	M	K	L	E	T	E

1. RFUCHOTETE
2. SOSESEURE
3. ERSOISAP
4. TUUEVEES
5. RIOMCUEE
6. EERSUM
7. LNPIO
8. ROUEUAL
9. TABTRUE
10. SSOORTIRIE
11. ETOUF
12. PRAE
13. KWO
14. LBO

N° 2

Thème : Travaux Publics

11 lettres cachées

B	B	A	A	C	C	C	E	I	F
U	O	E	H	A	S	H	O	X	N
A	A	T	P	R	C	N	T	G	F
O	F	A	D	R	H	O	R	N	E
R	A	T	N	V	A	A	P	N	R
O	N	A	G	T	E	L	I	A	I
T	N	G	I	T	E	E	E	E	U
E	T	I	U	T	R	O	U	A	L
O	C	S	R	G	N	E	E	A	N
C	R	O	I	I	U	E	T	E	N

1. PHSALAATEG
2. RRAAGEB
3. NFOADTONI
4. RPNEETHCA
5. BEOTNNEESU
6. GEENIURNI
7. NHACRIET
8. AAXECTNVIO
9. UAOTORTUE
10. FOFCREGA

Nº 3
Thème : De couleur rouge

1. Boisson.
2. Fleur.
3. À l'automne.
4. Sauce tomate légèrement sucrée et épicée.
5. Combustion dégageant de la chaleur.
6. Petit fruit.
7. Insecte coléoptère tacheté de noir.
8. Circule dans notre organisme.
9. Crustacé marin.
10. Pierre précieuse.

Nº 4

Thème : La naissance

11 lettres cachées

G	C	C	P	A	C	P	N	M	P
O	R	H	C	E	O	O	A	R	L
U	E	O	C	I	S	E	U	E	T
D	C	R	S	M	E	R	O	A	U
R	H	R	A	S	U	U	R	R	S
E	I	E	N	T	E	I	C	B	B
C	R	E	H	I	S	S	U	E	I
E	R	N	T	R	B	S	S	N	I
E	E	R	I	N	E	O	E	E	N
E	R	U	P	O	E	P	O	N	N

1. ROGSSSSEE
2. RRSSNOINOU
3. REPRETUAM
4. CACCREHUO
5. TRETEINAM
6. HEBINURC
7. SRIEENNCAE
8. CCHEOU
9. RREEPLU
10. DOIPS
11. EEBB
12. RIC

Nº 5
Thème : À la pharmacie
10 lettres cachées

M	R	H	J	B	A	C	V	P	M
A	R	E	Y	O	I	E	N	E	H
A	Q	U	D	G	T	E	M	A	O
U	E	I	R	U	I	A	T	M	L
E	E	D	C	I	M	N	Y	T	O
S	E	L	E	I	S	A	A	N	S
D	O	N	M	L	U	E	I	E	P
N	D	A	L	X	E	R	E	R	O
R	O	O	I	D	G	S	O	N	A
N	N	X	E	E	E	P	T	E	C

1. DIMEMECATN
2. QIULALEGAM
3. TVIANMIE
4. LYSENAA
5. NUXARUJO
6. YGHIEEN
7. REEEDM
8. OOTHP
9. EEUATB
10. REECM
11. RPOIS
12. DLOSE
13. XRIP
14. SEDO

Nº 6

	6		=39
			=28
			=21
=30	=36	=22	

Voici les chiffres à ajouter :
2, 3, 5, 9, 11, 14, 16 et 22

Nº 7

	12		=50
			=56
			=54
=52	=55	=53	

Voici les chiffres à ajouter :
8, 10, 18, 20, 21, 22, 24 et 25

Nº 8

	38		=82
			=88
			=81
=85	=87	=79	

Voici les chiffres à ajouter :
18, 19, 22, 25, 26, 30, 36 et 37

Nº 9

	7		=16
			=11
			=18
=12	=13	=20	

Voici les chiffres à ajouter :
1, 2, 3, 4, 5, 6, 8 et 9

Nº 10

	33		=94
			=99
			=98
=95	=97	=99	

Voici les chiffres à ajouter :
30, 31, 31, 32, 32, 33, 34 et 35

Nº 11

	8		=91
			=56
			=45
=82	=48	=62	

Voici les chiffres à ajouter :
3, 6, 17, 19, 22, 34, 41 et 42

Nº 12

	8		=24
			=25
			=26
=27	=22	=26	

Voici les chiffres à ajouter :
1, 4, 6, 7, 9, 10, 14 et 16

Nº 13

	36		=78
			=93
			=90
=83	=84	=94	

Voici les chiffres à ajouter :
20, 22, 23, 25, 30, 33, 34 et 38

Nº 14

1 P	2 R	3 I	4 M	5	3	2	6	■	7	5	2
7	6	■	8	9	10	6	7	■	2	8	6
8	9	3	2	■	5	11	3	12	6	■	13
2	5	12	■	5	7	6	2	10	6	■	3
3	7	14	10	■	3	■	6	2	2	6	2
6	■	7	14	8	6	2	■	3	■	10	■
7	3	6	8	■	9	■	5	7	10	6	12
■	7	■	2	6	12	3	12	10	6	■	5

Nº 15

A		A	R	R	I	E	R		U	L	E	A	U	B
B		B	A	G	A	G	I		B	A	T	B	A	T
C		D	I	B	A	T	O		R	O	U	I	B	I
D		C	A	R	L	O	N		E	V	I	N	E	S
E		S	C	I	E	N	C		I	L	O	N	T	E
F		A	R	E	L	I	E		I	E	L	L	E	S
G		P	A	R	M	A	L		C	E	T	T	T	S
H		C	O	U	R	B	A		O	U	E	T	Q	T
I		D	I	S	T	R	I		O	L	E	T	P	A
J		P	A	L	L	A	N		E	R	N	E	E	E
K		C	A	R	D	O	L		A	G	O	N	B	C
L		D	I	L	P	O	U		S	I	N	Q	D	A
M		A	B	C	G	O	T		I	Q	U	E	T	A
N		M	A	M	I	F	E		A	U	P	H	I	N
O		N	O	I	L	L	A		E	T	T	S	O	N
P		N	A	R	C	C	I		L	E	R	E	R	E
Q		A	D	E	R	I	V		L	L	E	T	E	S
R		D	E	V	I	E	N		O	U	E	T	A	L
S		A	L	F	A	N	A		A	L	A	L	I	E
T		D	E	C	O	C	O		O	T	E	B	A	S
U		C	I	B	L	E	T		Y	S	T	E	T	A
V		A	U	P	A	N	I	Q	U	E	E	T	E	E
W		A	L	P	H	A	M		E	S	T	E	D	D
X		P	I	T	B	L	A		E	T	I	S	S	O
Y		B	R	O	P	R	I		C	A	L	A	R	I
Z		W	I	Z	T	M	O		L	E	R	I	A	O

Placez chacune des lettres de l'alphabet dans une des 26 cases vides pour former des mots de quatre lettres ou plus. La lettre que vous placez peut être celle du début, du milieu ou de la fin du mot. Chacune des lettres de l'alphabet ne sera utilisée qu'une seule fois. Toutes les lettres des mots à trouver ne sont pas nécessairement utilisées en formant le mot.

Exemple : Dans la vingt-deuxième rangée, nous avons placé la lettre Q pour former le mot **PANIQUE** ; les autres lettres de cette rangée ne servent donc pas.

Nº 16

1 P	2 A	3 I	4	■	2	5	6	7	8	4	9
10	3	4	■	11	3	■	2	■	7	■	■
2	■	11	■	■	10	■	12	2	4	7	4
4	7	6	9	13	■	■	14	■	7	■	3
6	■	3	■	7	■	15	9	4	6	13	9
9	■	6	7	5	6 T	■	■	■	7	■	12
13	■	5	13	16	9	4	6	■	4	3	9
■	■	6	■	9	11	■	9	6	9	■	■

Nº 17

1 A	2 V	1 A	3 L	1	4	5	6	7		8	1
8		2			7			4	9	10	11
12	11	9	13	14	10	15		11			11
7		10			16		17	9	3	3	7
11	1	11	7	15	7			14		7	15
16			18		11	7	7	3		2	
7			9					7	15	1	14
11	9	15	10	8	8	9	10	11	7		4

SOLUTIONS

Nº 1

1. Fourchette
2. Essoreuse
3. Passoire
4. Étuveuse
5. Écumoire
6. Mesure
7. Pilon
8. Rouleau
9. Batteur
10. Rôtissoire
11. Fouet
12. Râpe
13. Wok
14. Bol

RÉPONSE RESTANTE EN CHARIVARI : Cuisiner

Nº 2

1. Asphaltage
2. Barrage
3. Fondation
4. Charpente
5. Bétonneuse
6. Ingénieur
7. Chantier
8. Excavation
9. Autoroute
10. Coffrage

RÉPONSE RESTANTE EN CHARIVARI : Circulation

Nº 3

1. Vin
2. Rose
3. Feuille
4. Ketchup
5. Feu
6. Fraise
7. Coccinelle
8. Sang
9. Homard
10. Rubis

Nº 4

1. Grossesse
2. Nourrisson
3. Prématuré
4. Accoucher
5. Maternité
6. Chérubin
7. Césarienne
8. Couche
9. Pleurer
10. Poids
11. Bébé
12. Cri

RÉPONSE RESTANTE EN CHARIVARI : Pouponnière

Nº 5

1. Médicament
2. Maquillage
3. Vitamine
4. Analyse
5. Journaux
6. Hygiène
7. Remède
8. Photo
9. Beauté
10. Crème
11. Sirop
12. Solde
13. Prix
14. Dose

RÉPONSE RESTANTE EN CHARIVARI : Ordonnance

Nº 6

22	6	11	=39
5	14	9	=28
3	16	2	=21
=30	=36	=22	

Nº 7

18	12	20	=50
10	21	25	=56
24	22	8	=54
=52	=55	=53	

Nº 8

26	38	18	=82
22	30	36	=88
37	19	25	=81
=85	=87	=79	

Nº 9

6	7	3	=16
2	1	8	=11
4	5	9	=18
=12	=13	=20	

Nº 10

30	33	31	=94
34	32	33	=99
31	32	35	=98
=95	=97	=99	

Nº 11

41	8	42	=91
19	34	3	=56
22	6	17	=45
=82	=48	=62	

Nº 12

7	8	9	=24
14	10	1	=25
6	4	16	=26
=27	=22	=26	

Nº 13

20	36	22	=78
30	25	38	=93
33	23	34	=90
=83	=84	=94	

SOLUTIONS

Nº 15

					R	O	U	L	E	A	U	
						A	B	A	T			
		B	A	T	O	N						
			L	O	N	G						
						P	I	L	O	N		
	R	E	L	I	E	F						
			M	A	L	I	C	E				
						J	O	U	E	T		
						V	O	L	E	T		
			L	A	N	T	E	R	N	E		
						W	A	G	O	N		
			P	O	U	S	S	I	N			
			G	O	T	H	I	Q	U	E		
						D	A	U	P	H	I	N
				L	A	C	E	T				
				C	I	B	L	E	R			
	D	E	R	I	V	E						
						R	O	U	E	T		
		F	A	N	A	L						
				C	O	Y	O	T	E			
						K	Y	S	T	E		
		P	A	N	I	Q	U	E				
						Z	E	S	T	E		
			B	L	A	M	E					
			P	R	I	X						
				M	O	U	L	E				

Nº 14

1 P	2 R	3 I	4 M	5 A	3 I	2 R	6 E	■	7 C	5 A	2 R
7 L	6 E	■	8 U	9 N	10 T	6 E	7 L	■	2 R	8 U	6 E
8 U	9 N	3 I	2 R	■	5 A	11 V	3 I	12 S	6 E	■	13 G
2 R	5 A	12 S	■	5 A	7 L	6 E	2 R	10 T	6 E	■	3 I
3 I	7 L	14 O	10 T	■	3 I	■	6 E	2 R	2 R	6 E	2 R
6 E	■	7 L	14 O	8 U	6 E	2 R	■	3 I	■	10 T	■
7 L	3 I	6 E	8 U	■	9 N	■	5 A	7 C	10 T	6 E	12 S
■	7 L	■	2 R	6 E	12 S	3 I	12 S	10 T	6 E	■	5 A

Nº 16

1 P	2 A	3 I	4 N	■	2 A	5 U	6 T	7 O	8 M	4 N	9 E
10 L	3 I	4 N	■	11 S	3 I	■	2 A	■	7 O	■	■
2 A	■	11 S	■	■	10 L	■	12 C	2 A	4 N	7 O	4 N
4 N	7 O	6 T	9 E	13 R	■	■	14 H	■	7 O	■	3 I
6 T	■	3 I	■	7 O	■	15 V	9 E	4 N	6 T	13 R	9 E
9 E	■	6 T	7 O	5 U	6 T	■	■	■	7 O	■	12 C
13 R	■	5 U	13 R	16 G	9 E	4 N	6 T	■	4 N	3 I	9 E
■	■	6 T	■	9 E	11 S	■	9 E	6 T	9 E	■	■

Nº 17

1 A	2 V	1 A	3 L	1 A	4 N	5 C	6 H	7 E	■	8 S	1 A
8 S	■	2 V	■	■	7 E	■	■	4 N	9 O	10 I	11 R
12 P	11 R	9 O	13 D	14 U	10 I	15 T	■	11 R	■	■	11 R
7 E	■	10 I	■	■	16 G	■	17 F	9 O	3 L	3 L	7 E
11 R	1 A	11 R	7 E	15 T	7 E	■	■	14 U	■	7 E	15 T
16 G	■	■	18 M	■	11 R	7 E	7 E	3 L	■	2 V	■
7 E	■	■	9 O	■	■	■	■	7 E	15 T	1 A	14 U
11 R	9 O	15 T	10 I	8 S	8 S	9 O	10 I	11 R	7 E	■	4 N

BON DE COMMANDE

Qté	Titre	Prix (taxe incluse)		Total
		Canada	Europe	
	Sudoku samuraï	10,45 $	7,95 €	
	Ultra Sudoku	10,45 $	7,95 €	
	Ultra Mots cachés	10,45 $	7,95 €	
	Ultra Sudo-kube	10,45 $	7,95 €	
	Ultra Mots croisés	10,45 $	7,95 €	
	Ultra Remue-méninges	10,45 $	7,95 €	
	Ultra Quiz QI	10,45 $	7,95 €	
	Ultra Labyrinthes	10,45 $	7,95 €	
	Frais de livraison	3,50 $	1 livre : 5,00 € 2 livres : 7,00 € 3 livres : 9,00 € 4 livres : 11,00 € 5 livres et plus : 13,00 €	
			Grand total	

S.V.P. Envoyez-moi le(s) livre(s) mentionné(s).

Je joins ____________ **$ ou** ____________ €

Faites parvenir votre chèque ou mandat-poste à :

Les Publications Modus Vivendi Inc.
55, rue Jean-Talon Ouest, 2e étage
Montréal (Québec) H2R 2W8
Canada

Nom ____

Adresse ______________________________________ App. ________

Ville ____________________ Pays ____________ Code postal ________

Nº de téléphone ______________________________________

☐ Visa ☐ MasterCard ☐ Amex Date d'expiration : |__|__|

Nº de la carte |_|_|_|_|_|_|_|_|_|_|_|_|_|_|_|_|

Signature ______________________________________

Nom (lettres carrées) ______________________________

Vous pouvez également commander :

par téléphone : 514 272-0433
par télécopieur : 514 272-7234
par Internet : www.editionsbravo.com

transcontinental
IMPRESSION
IMPRIMERIE GAGNÉ

100%

BIO GAZ
ENERGIE

PERMANENT

Imprimé sur Rolland Enviro100, contenant
100% de fibres recyclées postconsommation,
certifié Éco-Logo, Procédé sans chlore, FSC
Recyclé et fabriqué à partir d'énergie biogaz.